AF570405

Échec géopolitique et échec missionnaire ?

Les missionnaires catholiques allemands au Togoland

(1892-1921)

Églises d'Afrique

Collection dirigée par Denis Pryen

Depuis plus de deux millénaires, le phénomène chrétien s'est inscrit profondément dans la réalité socio-culturelle, économique et politique de l'Occident, au point d'en être le fil d'Ariane pour qui veut comprendre réellement les fondements de la civilisation judéo-chrétienne. Grâce aux mouvements d'explorations scientifiques, suivis d'expansions coloniales et missionnaires, le christianisme, porté par plusieurs générations d'hommes et de femmes, s'est répandu, entre autres contrées et à différentes époques, en Afrique. D'où la naissance de plusieurs communautés ecclésiales qui ont beaucoup contribué, grâce à leurs œuvres socio-éducatives et hospitalières, à l'avènement de plusieurs cadres, hommes et femmes de valeur. Quel est aujourd'hui, dans les domaines économiques, politiques et culturels, le rôle de l'Église en Afrique ? Face aux défis de la mondialisation, en quoi les Églises d'Afrique participeraient-elles d'une dynamique qui leur serait propre ? Autant de questions et de problématiques que la collection « Églises d'Afrique » entend étudier.

Dernières parutions

Emery MUSUNGU NGAMBUNGU, *Eglise-famille de Dieu et Eglise-fraternité christique en République démocratique du Congo*, 2020.
Jean LUKOMBO MAKWENDE, *La promesse du salut pour les Africains d'aujourd'hui, Inculturation de l'eschatologie,* 2020.
Willy MANZANZA MWANANGOMBE, *L'Église du Congo et la politique belge*, *1953-1954*, 2020.
Léonard AMOSSOU KATCHEKPELE, *D'Osiris au Bantou théologien. Théologie africaine et vie en abondance, une généalogie historique et critique*, 2020.
Olivier NKULU KABAMBA, *Pour un catholicisme africain assumé : remplacer le vœu de pauvreté par le vœu de charité. La solidarité fait du bien là où la pauvreté fait mal aux Africains,* 2019.
Victor BIDUAYA BADIUNDE M., *Résistances à l'évangélisation et perspectives de renouveau cathéchétique en R.D Congo. Approches historique, anthropologique et théologique*, 2019.

Atsu Jean-Paul Savi

Échec géopolitique et échec missionnaire ?

Les missionnaires catholiques allemands au Togoland

(1892-1921)

Préface de Théodore Nicoué L. Gayibor

5-7, rue de l'Ecole-Polytechnique, 75005 Paris
http://www.editions-harmattan.fr
ISBN : 978-2-343-20218-1
EAN : 9782343202181

À mon père Godfried Komivi SAVI,
Organiste et professeur d'Histoire et de Géographie,
qui m'a donné très tôt le goût de l'Histoire.
À ma mère Marie-Stella Kokoegan AKOUETE,
qui ne cesse de nous entourer de son affection.

Sigles et Abréviations

APF	Archives de la *Propaganda Fide*
AMA	Archives de la Société des Missions africaines
AVD	Archives de la Société du Verbe Divin
SMA	Société des Missions Africaines
SVD	Société du Verbe Divin
SDN	Société Des Nations
ONU	Organisation des Nations Unies
N.S.	Nuova Serie
Vol.	Volume
An.	Année
R.	Rubrica
f.	Feuille

Remerciements

En 2017, l'Église catholique du Togo a célébré ses 125 ans d'évangélisation. Cette célébration nous a donné l'occasion de revenir sur les événements qui ont marqué la première évangélisation du Togo. En préambule à ce travail de recherche sur l'implantation de l'Église catholique au Togo, j'aimerais exprimer ma sincère gratitude aux personnes qui m'ont apporté leur aide et soutien tout au long de mes recherches.

J'aimerais adresser mes remerciements à ma Province jésuite de l'Afrique de l'Ouest (AOC).

J'exprime ma profonde gratitude au Professeur Théodore Nicoué GAYIBOR qui m'a apporté une aide précieuse pour que cet ouvrage voie le jour. Qu'il en soit remercié pour sa gentillesse et pour son expertise dans cette entreprise de la recherche en Histoire.

Mes remerciements s'adressent également au P. Wilfried OKAMBAWA, au P. Paul GILBERT, à M. John NORDJOE, à M. Cyprien TOURE et à Mme Thérèse KWAKU qui ont eu la gentillesse de lire mon manuscrit et de me faire des suggestions.

J'adresse mes sincères remerciements à mon frère et compagnon Guy SAVI, SJ qui ne cesse de m'encourager sur ce chemin de la recherche en Histoire de l'Église. Comment oublier ma mère, Marie-Stella, à mes frères Laurent, Augustin, Ange et à ma petite sœur Camille ; le cercle familial, en somme, si réconfortant et affectueux quand tout semble parfois difficile !

Et que tous ceux et celles qui m'ont encouragé, aidé et soutenu pour que ce livre paraisse, au lendemain des 125 ans de l'Église catholique du Togo, trouvent ici l'expression de ma reconnaissance et de ma profonde gratitude. Je pense particulièrement aux P. Ambroise ATAKPA, P. Jacquineau AZETSOP, P. Paul BÉRÉ, et à M. Mathieu DJABARE.

Cet ouvrage est, en grande partie, le fruit de mes recherches qui avaient conduit à un mémoire de Licence canonique en Histoire de l'Église à l'Université Pontificale Grégorienne de Rome (Italie) en juin 2016. J'adresse toute ma respectueuse sympathie à mon directeur de mémoire, le Père Nuno da Silva GONÇALVES, actuel Recteur de la Grégorienne.

Enfin, ce livre veut rendre un hommage particulier à tous les missionnaires allemands de la Société du Verbe Divin qui furent les pionniers de l'implantation de l'Église catholique au Togo.

Préface

« Remonter le temps en nous focalisant sur la mission d'évangélisation des missionnaires de la Société du Verbe Divin et l'impact que la Première Guerre mondiale a eu sur elle...Saisir la complexité et la particularité des rapports entre les faits politiques et les faits religieux », telle est l'ambition affichée de l'auteur du présent ouvrage.

Partant des quatre périodes de l'évangélisation du Togo qu'il a identifiées (la première évangélisation : la période des missionnaires allemands ; la période de la transition ; la seconde évangélisation : la période des missionnaires français ; et enfin la quatrième période : celle de l'Église togolaise à compter de 1962), l'auteur tente de porter un regard rétrospectif sur l'histoire de l'Église catholique, en focalisant son étude sur l'analyse des deux premières périodes, pour en « *saisir la complexité et la particularité des rapports entre les faits politiques et les faits religieux.* »

Au vu des résultats de cette étude, l'historien que je suis ne peut s'empêcher de faire un parallèle entre les activités des deux missions évangélisatrices du Togo au cours de cette période. Alors que la mission catholique s'est contentée de baser son action sur les clichés en vogue, qui mettaient en exergue l'obscurantisme d'une Afrique arriérée vivant dans les ténèbres dont il fallait la délivrer, les missionnaires piétistes allemands – qui avaient précédé les colonisateurs d'un demi-siècle dans la région – ont décidé d'aborder cette évangélisation sur la base d'une meilleure connaissance des hommes noirs et de leur milieu, pour mieux faire passer le message de l'Évangile. Les résultats furent impressionnants, aussi bien dans le domaine de la connaissance du milieu (codification de la langue

Ewé, publication de plusieurs études ethnographiques devenues des classiques incontournables pour qui veut aborder l'étude des sociétés du Sud-Togo) que de la profondeur de l'enracinement de la présence protestante chez les Ewé de l'Ouest et, en ce qui concerne le Togo actuel, dans la région des Plateaux où la pratique des religions du terrain a nettement régressé.

Un dernier point. Les événements malheureux qui ont conduit au décès du R.P. Moran le 7 août 1887 à Atakpamé, s'ils sont avérés, doivent être replacés dans un cadre singulier qu'il faut repréciser car, les religions africaines, profondément humanistes, n'ont jamais systématiquement opposé une fin de non-recevoir à l'installation d'autres religions étrangères comme l'islam ou le christianisme. Ainsi plusieurs *vodu* concurrents peuvent-ils cohabiter sans heurts dans le même terroir, leurs actions étant considérées comme complémentaires ; dans ce cadre, les *vodu* peu efficaces sont abandonnés au profit d'autres, parfois importés de loin, jugés plus pertinents : « *vodu didi be honu mu miona gbé o* : les mauvaises herbes ne poussent pas sur les chemins qui mènent au sanctuaire du *vodu* efficient », dit une sentence guin souvent citée au cours des rituels de déprécation. Les enseignements des religions du terroir en Afrique sont loin d'avoir révélé tous leurs secrets et toute leur philosophie. Il y a là un important gisement de travaux universitaires à entreprendre. Et je suis certain que les hommes d'Église africains sont bien placés pour entreprendre ces recherches afin de conforter la foi des chrétiens catholiques, souvent chancelante car tiraillée entre l'enseignement de l'Église et les pratiques culturelles et cultuelles endogènes qui sont en train de reprendre de la vigueur sur le continent. La nouvelle évangélisation tant désirée ne sera réussie que si les responsables de l'Église catholique prennent conscience de la nécessaire inculturation de cette Église dans les valeurs traditionnelles des peuples africains.

L'étude du Père SAVI, bien menée, vient enrichir une bibliographie déjà abondante sur la question qu'elle complète avec efficacité, tant par son contenu que par l'originalité de ses annexes sur la province ecclésiastique du Togo et la hiérarchie épiscopale du Togo.

Théodore Nicoué L. GAYIBOR

Introduction générale

« Essayer de comprendre ce que je dis : tout dépend de tout, toutes les choses se tiennent, il n'y a rien de séparé. Tous les événements suivent donc le seul chemin qu'ils puissent prendre »[1]. Cette assertion de Georges Gurdjieff illustre bien les événements qui ont marqué l'histoire du Togo. En effet, l'histoire est une suite d'événements relatifs à l'Homme. De cette manière, l'histoire de l'évangélisation du Togo, et, plus généralement, l'histoire de l'Église catholique du Togo s'inscrivent dans les événements de l'histoire universelle du monde.

À partir du XVe siècle, le développement de la navigation, l'esprit de curiosité et d'aventure, l'hypothèse de la rotondité de la Terre, et surtout la recherche de la route vers les Indes suscitèrent chez des Européens, en l'occurrence chez les Portugais, le désir de se lancer sur les océans. Cette aventure avait permis à l'Europe de se rendre compte des parties encore méconnues de la planète Terre. Ce fut l'époque des Grandes Découvertes et des grands voyages[2]. Très tôt, ce goût de l'aventure allait s'associer au désir de posséder les territoires dans lesquels ces Européens étaient parvenus. C'est ainsi que commença petit à petit la conquête, puis la colonisation des territoires.

Le développement du commerce maritime et la recherche des matières premières avaient aussi fait accroître l'envie de la recherche de nouvelles terres. Pour cela, l'Espagne et le Portugal se répartirent le monde. La majeure

---

[1] Piotr Demianovitch OUSPENSKY, *Fragments d'un enseignement inconnu*, Paris, Stock, 2014, p. 44.

[2] Stéphane GACON, *L'Europe. Histoire et civilisation*, Paris, Armand Colin, 2017, pp. 203-218.

partie de la planète passa alors sous leur autorité dans le but d'exploiter ces territoires à leur profit[3] : c'est la colonisation. Selon Bernard Phan, « la colonisation ne fut pas un processus d'intensité constante durant le dernier millénaire »[4]. Toutefois, il distingue deux périodes de la colonisation. La première colonisation européenne (du XVIe au XVIIIe siècle) concernait plus précisément le continent américain, sans se désintéresser complètement des autres parties du monde. La seconde colonisation (à partir du XIXe siècle) concerna l'Afrique et une bonne partie de l'Asie. Mais déjà en 1914, quand éclata la Première Guerre mondiale, il n'y avait plus de conquête en tant que telle[5].

Pendant la première période de la colonisation, le continent africain, qui faisait partie de la zone d'influence du Portugal, avait été beaucoup sollicité en hommes pour ravitailler en main-d'œuvre les plantations de l'Amérique. Au cours de la seconde colonisation, l'Afrique fut de nouveau sollicitée. Mais cette fois-ci, c'était pour ses terres, ses matières premières et ses ressources naturelles. La découverte de la richesse inattendue du continent africain attisa l'appétit des puissances occidentales. S'ensuivit alors une ruée sur l'Afrique, surtout à partir du XIXe siècle. Une autre raison de cette ruée fut aussi la recherche des débouchés pour la production industrielle européenne. La conférence de Berlin (du 15 novembre 1884 au 26 février 1885) fut convoquée pour déterminer les règles du jeu afin d'éviter les conflits qui commençaient à naître entre les puissances conquérantes. L'Afrique assista donc, passive, à la conquête et au partage de ses terres. Ainsi, de l'esprit de curiosité, le mouvement passa à la conquête, à la

---

[3] Bernard PHAN, *Colonisation et décolonisation (XVIe-XXe siècle)*, Paris, PUF, 2009, p. 11.

[4] B. PHAN, *Colonisation et décolonisation*, p 11.

[5] B. PHAN, *Colonisation et décolonisation*, p 11.

colonisation et à la christianisation des peuples africains[6]. Colonisation et christianisation feront finalement route ensemble par la suite. Le lien intime entre ces deux démarches, même si ce ne fut pas le cas partout[7], fit école en Afrique surtout à partir du XIXe siècle. D'où l'expression d'Aimé Césaire[8] : « ceux qu'on domestiqua et christianisa »[9].

L'extension de l'Europe et l'expansion du christianisme semblent constituer en Afrique, les deux faces de la même médaille : la civilisation. Aussi colonisateurs et missionnaires eurent-ils des rapports tantôt de collaboration, tantôt de conflit. La proximité de ces deux démarches eut des conséquences majeures pour les colonies en Afrique. Les affaires politiques eurent donc des impacts

---

[6] Il est important de noter tout de même qu'avant la colonisation du XIXe siècle, les régions côtières de l'Afrique avaient déjà connu un embryon de foi chrétienne vers le XVIe siècle. Mais la plus grande activité évangélisatrice des missionnaires sur la côte des Esclaves fut celle qui s'inscrit dans le grand mouvement de la redécouverte de l'Afrique par les Occidentaux et dans le mouvement du renouveau missionnaire à partir du XIXe siècle. Cf. Nicoué GAYIBOR, *Histoire des Togolais : Des origines aux années 1960. Tome 2 : Du XVIe siècle à l'occupation coloniale*, Paris, Karthala-Presses de l'Université de Lomé, 2011, p. 565.

[7] Dans certains pays, la colonisation et la christianisation ne furent pas confondues. L'évangélisation de la Corée constitue un exemple de christianisation récente qui échappe à une situation de colonisation. Cf. Claude PRUDHOMME, *Missions chrétiennes et colonisation XVIe-XXe siècle*, Paris, Cerf, 2004, pp. 8-9.

[8] Aimé Césaire (1913-2008) est communément connu comme poète et homme politique français, originaire de la Martinique. Il fut l'un des fondateurs du mouvement littéraire de la négritude. Il est auteur de nombreux ouvrages, poésies, pièces de théâtre et d'essais dont : *Cahier d'un retour au pays natal (1939), Discours sur le colonialisme (1950), La tragédie du roi Christophe (1963).*

[9] Cette expression fut employée par Aimé Césaire pour exprimer la double réalité de la colonisation et de la christianisation. Cf. C. PRUDHOMME, *Missions chrétiennes et colonisation*, p. 7.

importants sur la présence missionnaire dans certaines colonies. Et souvent, il arrive que la mission de l'Église subisse les conséquences historiques de la colonisation et de la politique des États conquérants. Ce fut le cas du Togo.

Le Togo est l'un des petits pays de l'Afrique occidentale. Situé entre le Ghana, colonisé par les Anglais[10], et le Bénin, colonisé par les Français, il devint officiellement le 5 juillet 1884, un protectorat allemand. Après la Première Guerre mondiale (1914-1918), sa gestion fut confiée à la France sous mandat de la Société des Nations (1919-1945). Puis à l'issue de la Deuxième Guerre mondiale, le Togo fut un territoire sous la tutelle de la France de 1945 jusqu'en 1960, année de son indépendance politique.

Par ailleurs, étant sous un protectorat allemand, la christianisation du Togo par les catholiques n'était pas évidente, étant donné que l'Empire allemand[11] était aux lendemains du *Kulturkampf*[12]. Mais contrairement à ce qu'on pourrait penser, ce sont les autorités allemandes elles-mêmes qui avaient demandé une implantation de la mission catholique au Togo. En fait, les autorités allemandes avaient un but précis : « contrebalancer le poids des protestants[13], alors réticents face à la colonisation »[14]. Il est à noter tout de même que cette demande des autorités

[10] Les termes « Anglais » et « Britannique » seront utilisés tout au long de cet ouvrage comme des termes interchangeables.

[11] À l'intérieur de notre ouvrage, le nom « Allemagne » substituera plus tard le nom « Empire allemand ». Mais ces deux termes désignent pratiquement la même réalité dans notre texte ; même s'il y a une certaine modification dans l'histoire politique de ce pays.

[12] C'est un conflit qui opposait l'Empire allemand, dirigé par Otto von Bismarck (1815-1898) et l'Église catholique, dirigée par le pape Pie IX (1871-1878).

[13] La présence des protestants (1843) sur le territoire qui passa sous le protectorat allemand remonte bien avant l'arrivée des Allemands.

[14] Nicoué GAYIBOR (éd.), *Histoire des Togolais : Des origines aux années 1960, tome 4 : Le refus de l'ordre colonial*, Paris, Karthala et Presse de l'Université de Lomé, 2011, p. 43.

allemandes rencontrait aussi un désir de l'Église : renforcer la présence de l'Église catholique dans cette partie de l'Afrique de l'Ouest. C'est ainsi que fut érigée la préfecture apostolique du Togo le 12 avril 1892. Elle a été confiée aux missionnaires de la Société du Verbe Divin (SVD), fondée en 1875 par le père Arnold Janssen (1837-1909). Cependant ceux-ci ne furent pas les tout premiers missionnaires à fouler le sol togolais. Les premiers contacts avec le christianisme remontent à la première moitié du XIXe siècle qui vit les missionnaires piétistes de l'Allemagne du Nord s'installer en pays Ewé[15]. Même si la mission catholique ne s'implanta que vers la fin du XIXe siècle, elle fut une mission florissante qui promettait un avenir merveilleux. Mais, le cours de l'histoire changea le sort de cette préfecture apostolique après 22 années de durs travaux d'évangélisation (1892-1914).

En 1914, éclate la Première Guerre mondiale. L'Allemagne ayant perdu la guerre face aux Alliés, les missionnaires allemands furent tous expulsés du protectorat allemand du Togoland. Ce fut un malheur pour cette mission du Togo en pleine floraison. Les missionnaires allemands n'étaient plus autorisés à revenir au Togo, devenu désormais un territoire géré par la France. Et la *Propaganda Fide*, se trouvant dans l'impossibilité d'y renvoyer les missionnaires allemands, se soumit à la nouvelle disposition. C'est ainsi qu'après un temps de transition (1918-1921), la mission de l'évangélisation catholique du Togo passa aux mains d'une autre société missionnaire : la Société des Missions Africaines (SMA), fondée à Lyon (France) en 1856 par Mgr Melchior de Marion Brésillac (1813-1859). La Première Guerre mondiale a-t-elle donc provoqué un échec géopolitique et un échec missionnaire au Togoland ?

---

[15] Le pays Ewé constituait un vaste territoire qui se situait dans les régions du sud-est du Ghana, le sud du Togo et le sud-ouest du Bénin.

Le Togo a donc connu deux types d'évangélisation : l'évangélisation protestante et l'évangélisation catholique. Cette dernière est plus particulièrement l'objet de cet ouvrage. Un regard rétrospectif sur l'histoire du Togo en général, et en particulier sur l'histoire de l'Église catholique permet d'identifier quatre périodes de l'évangélisation catholique du Togo. La première période est celle de la première évangélisation : le temps des missionnaires allemands (1892-1918) ; la deuxième période est celle de la transition (1918-1921)[16] ; la troisième période est celle de la seconde évangélisation : le temps des missionnaires français (1921-1962) ; et la quatrième période constitue celle de l'Église togolaise (de 1962[17] à nos jours). Ces quatre périodes nous donnent le cadre historique de l'Église catholique du Togo. Notre présent ouvrage se penche principalement sur les deux premières périodes qui couvrent la naissance proprement dite de l'Église catholique au Togo.

Comment l'Église catholique s'est-elle implantée au Togo ? Quelles ont été ses vicissitudes et les phases de son évolution ? Comment les événements politiques et les relations internationales avaient-ils eu des conséquences considérables sur la mission de l'Église au Togo ? Pendant la période de la transition, comment la mission chrétienne avait-elle pu survivre ?

En consultant les archives du passé, notre ambition est de remonter le temps en nous focalisant sur la mission

---

[16] Le vicariat du Togo à cette époque avait un statut ambigu. Bien qu'appartenant encore officiellement à la Société du Verbe Divin, aucun missionnaire de cette congrégation n'y résidait plus. Au même moment, les missionnaires qui y travaillaient, appartenaient à la Société des Missions Africaines.

[17] L'année 1962 a été marquée par l'ordination du premier évêque togolais, Mgr Casimir Dosseh-Anyron. À partir de cette année, la responsabilité de l'Église catholique du Togo est confiée à des évêques togolais.

d'évangélisation des missionnaires de la Société du Verbe Divin et l'impact que la Première Guerre mondiale a eu sur elle. Mieux, nous aimerions saisir, tant soit peu, la complexité et la particularité des rapports entre les faits politiques et les faits religieux.

Dans notre présent ouvrage, le parcours de l'histoire de la première évangélisation catholique du Togo s'articule en trois grandes parties. La première partie plante le décor en présentant le cadre historique et idéologique dans lequel les événements se sont déroulés. La deuxième partie tente de reconstituer la manière dont s'est réalisée la première évangélisation qui a été interrompue par la Première Guerre mondiale. Enfin, la troisième partie porte sur la période de la transition (1918-1921).

PREMIERE PARTIE

Le cadre historique et idéologique

Pendant la période de l'Antiquité, les Occidentaux ne connaissaient pas l'Afrique subsaharienne. Les côtes occidentales, de même que l'intérieur du continent, étaient ignorées de l'Europe. Les Européens commencèrent à s'intéresser petit à petit à l'Afrique lorsque la route de l'Orient leur devint inaccessible. En effet, au cours du Moyen-Âge, avec le développement de l'islam en Orient, les musulmans étaient devenus les maîtres absolus des routes allant vers l'Asie. Or, en cette période, les marchés européens s'approvisionnaient en articles provenant des Indes[18]. L'Orient étant difficile d'accès, les activités commerciales de l'Europe en souffraient un peu. La domination des musulmans sur une bonne partie de la mer Méditerranée provoqua chez les Européens l'idée de la recherche d'une autre voie pour atteindre directement les Indes. C'est ainsi que le continent africain entra en jeu. Pour atteindre les Indes, il fallait contourner l'Afrique : c'est la circumnavigation de l'Afrique. Cette aventure était dangereuse. Mais les enjeux économiques, politiques, et religieux allaient déterminer le courage des rois et surtout des premiers aventuriers.

Grâce au développement des techniques de fabrication des navires et du trafic maritime, les Portugais ont été les premiers à s'aventurer sur les eaux profondes de l'océan Atlantique, réputées périlleuses. Leur succès dans le domaine de la navigation sur l'Atlantique allait permettre,

[18] Les Indes représentaient *grosso modo* l'Asie à cette époque.

dans la recherche de la route des épices, d'explorer les côtes du continent africain, d'y installer des comptoirs commerciaux et de connaître plus tard l'intérieur du continent. L'aventure européenne en Afrique commença donc vers la fin du XIVe et début XVe siècle. Sur la trace des Portugais, arrivèrent plus tard d'autres Européens pour des fins économiques. Toutefois, la présence européenne en Afrique ne fut pas exclusivement mercantile. Des missionnaires accompagnaient aussi les expéditions et ils se familiarisaient avec les populations autour des comptoirs commerciaux pour la « conquête des âmes ».

Petit à petit, l'Afrique devint un champ à explorer, à posséder et à exploiter. C'est ainsi que le XIXe siècle devint l'époque de la véritable conquête de l'Afrique. Les territoires atteints par les Européens ont été conquis, colonisés et christianisés.

La colonisation

L'arrivée des Européens en Afrique

L'Empire romain ne connaissait qu'une petite partie de l'Afrique[19]. Même si au début de l'ère chrétienne un anonyme marin grec avait décrit, dans le *Périple de la mer d'Érythrée*[20], le littoral du continent africain jusqu'à la hauteur de l'île de Zanzibar[21], le reste du continent était

[19] En effet, l'Empire romain ne connaissait qu'une partie de la région septentrionale de l'Afrique.

[20] Le *Périple de la mer d'Érythrée* est un manuscrit de l'époque antique attribué à un marchand grec de l'Égypte. C'est un important texte qui comporte, entre autres, des informations sur la navigation et les opportunités de commerce sur les côtes de l'Afrique orientale. Cf. Raymond MAUNY, « Le périple de la mer Érythrée et le problème du commerce romain en Afrique au sud du Limes », in *Journal de la Société des Africanistes*, 38 (1968), pp. 19-34.

[21] Bernard LUGAN, *Histoire de l'Afrique. Des origines à nos jours*, Paris, Ellipses, 2009, p. 269.

méconnu. Les premières navigations des Occidentaux sur l'océan Atlantique en direction de l'Afrique ne commencèrent qu'à partir du XIVe siècle[22]. Mais pourquoi avaient-ils hésité jusqu'à ce siècle pour braver l'Atlantique ? En fait, au temps médiéval en Europe, des « histoires les plus macabres couraient sur les dangers de la mer ténébreuse[23], dans laquelle de gigantesques récifs aimantés aspiraient les bateaux pour les engloutir »[24]. De plus, il y avait un certain nombre de préjugés et de superstitions : « personne ne sait ce qui existe au-delà de cette mer, personne n'a pu rien en apprendre de certain à cause des difficultés qu'opposent à la navigation la profondeur des ténèbres, la hauteur des vagues, la fréquence des tempêtes, la multiplicité des animaux monstrueux et la violence des vents »[25]. Le risque de se lancer dans l'inconnu faisait alors dire aux Portugais « *quem passa o cabo de Nao ou tornará ou não* » c'est-à-dire « celui qui dépasse le cap Nao, reviendra, ou ne reviendra pas »[26].

Cette peur de l'Atlantique fut surmontée lorsque l'Europe d'alors faisait face à des problèmes concrets vis-à-vis du monde musulman. En effet, vers la fin du XIVe siècle, la domination des Turcs ottomans s'étendait jusque dans les Balkans, la mer Noire, et la Méditerranée orientale[27]. La chute de Constantinople en 1453 avait aussi agrandi la domination des musulmans sur les voies

---

[22] En 1312 ou 1335, le génois Lanzarote Malocello parvint aux îles Canaries qui parurent sur le Planisphère de Dulcert dès 1339 ; vers 1364 ce fut le tour des navigateurs dieppois qui abordèrent les côtes occidentales du continent. B. LUGAN, *Histoire de l'Afrique*, p. 269.

[23] Il s'agit de l'océan Atlantique.

[24] Joseph KI-ZERBO, *Histoire de l'Afrique noire : d'hier à demain*, Paris, Hatier, 1972, p. 205.

[25] Robert CORVENIN, *Histoire de l'Afrique. Tome 1 : Des origines au XVIe siècle*, Paris, Payot, 1967, p. 393.

[26] J. KI-ZERBO, *Histoire de l'Afrique noire*, p. 205.

[27] B. LUGAN, *Histoire de l'Afrique*, pp. 269-270.

maritimes et caravanières vers l'Asie. Cette situation rendait difficile l'accès à l'Orient à cause des pirates musulmans et de la situation conflictuelle entre une Europe chrétienne et le monde musulman. Or, c'étaient aussi des voies commerciales qui reliaient l'Occident à l'Orient. Du coup, les Européens n'avaient plus directement accès aux marchés orientaux. Désormais, les Arabes étaient devenus les maîtres du commerce des produits asiatiques. Cela provoqua la cherté des produits commerciaux. Les épices telles que le poivre, le piment, la cannelle, le gingembre, de même que les tissus précieux, tels que la soie, l'indigo, sans oublier le cuir, les fruits ou les herbes médicinales constituaient les principales exportations de l'Asie vers l'Europe[28]. Cependant, ces marchandises passaient par plusieurs mains (Chinois, Persans, Arméniens, Syriens, Égyptiens, Arabes), avant d'arriver sur les marchés et dans les cuisines de l'Europe. Or, ces mains n'étaient pas moins avides de gain. Que faire alors pour avoir un accès plus direct à ces produits ? D'où l'idée de court-circuiter le trajet des marchands arabes. Mais pour réaliser cela, une seule chose était nécessaire : circumnaviguer l'Afrique. Pour devenir maîtres du commerce des produits de l'Asie, les Européens, notamment les Portugais, allaient devoir braver l'océan Atlantique, qui, disait-on, était ténébreux et engloutissait les bateaux.

L'idée de trouver une nouvelle route menant directement vers les pays qu'on nommait *grosso modo* « les Indes » apparaissait donc indispensable et salutaire. Les raisons fondamentales de cette entreprise portugaise étaient résumées en ces termes par Vasco de Gama : « nous cherchons des chrétiens et des épices »[29]. Pour le prince portugais Henri le Navigateur, il s'agissait aussi de prendre l'islam à revers en joignant les forces de la chrétienté

[28] R. CORVENIN, *Histoire de l'Afrique.* Tome 1, p. 394.
[29] J. KI-ZERBO, *Histoire de l'Afrique noire*, p. 205.

européenne à celles du prêtre Jean[30]. Ainsi, à côté des raisons économiques, les raisons religieuses n'étaient pas moins importantes. D'ailleurs pendant cette époque du Moyen-Âge, les enjeux religieux n'étaient guère séparés des motivations politiques et même économiques. Les raisons religieuses étaient même indiquées comme principales. La preuve est que parmi les raisons énumérées par la *Cronica dos feitos de Guiné* (1452) pour légitimer l'action d'Henri le Navigateur, la majeure partie est de caractère religieux : trouver des chrétiens dans les terres à découvrir pour pouvoir aborder sans danger et trafiquer ; savoir si en Afrique il se trouverait des princes chrétiens dont l'aide sera utile pour lutter contre l'ennemi commun[31] ; le désir de convertir au christianisme les peuples rencontrés[32]. « Ainsi donc le grand dessein chrétien se mariait admirablement avec les convoitises du négoce »[33].

Pendant que l'Espagne était encore prise dans sa lutte contre les musulmans qui occupaient le royaume (*La Reconquista*), le Portugal faisait ses assauts sur les côtes du continent africain. C'est ainsi que « la première expansion européenne le long des côtes d'Afrique fut exclusivement portugaise »[34]. Le Portugal, libéré beaucoup plus tôt de la domination musulmane, se consacra à l'aventure maritime grâce aux efforts du prince Henri le Navigateur qui finança les recherches à partir de son laboratoire du promontoire de Sagres, face à la mer. Cela avait permis au Portugal de circumnaviguer le continent africain pour atteindre

---

[30] Selon la légende qui courait pendant le Moyen-Âge européen, le prêtre Jean serait un roi chrétien qui se trouverait en Afrique (vers l'Ethiopie). Cf. Jean TARDIEU, « Du "Prêtre Jean" au Négus d'Abyssinie », in *Bulletin hispanique*, 114-1 (2012), pp. 69-98.

[31] Il s'agit bien des musulmans.

[32] R. CORVENIN, *Histoire de l'Afrique*. Tome 1, p. 394.

[33] J. KI-ZERBO, *Histoire de l'Afrique noire*, p. 205.

[34] B. LUGAN, *Histoire de l'Afrique*, p. 270.

finalement l'Asie. Ce fut une œuvre grandiose mais progressive.

En 1413, João Gonçalves Zarco et Tristão Vaz Teixeira parviennent à Madère. Deux ans plus tard, en 1415, les Portugais prennent Ceuta. En 1432, Gonçalo Velho arrive dans l'archipel des Açores. En 1434, un exploit se réalisa dans la tentative d'affronter l'Atlantique. Gil Eanes franchit le cap de Bojador qui était à l'époque un point de non-retour à cause des forts courants marins. En 1441, les marins portugais franchissent le cap Blanc et en 1443 s'installent sur l'île Arguin où ils établirent un fort, dont la construction s'acheva en 1482. Entre 1444-1445, Diniz Dias parvient au fleuve Sénégal. Comme le montrent bien ces exploits, les Portugais découvraient petit à petit les côtes occidentales de l'Afrique qui leur étaient méconnues[35].

Avec la bulle *Romanus Pontifex* (1455), le pape Nicolas V (1447-1455) reconnut l'autorité du Portugal sur l'Afrique. Celle-ci devenait ainsi officiellement le domaine exclusif du Portugal. Cela légitimait alors l'exploration portugaise des côtes africaines. Entre 1471-1472, après avoir dépassé le fleuve Sénégal et le fleuve Gambie, João de Santarem, Pedro Escobar et Fernando Po parviennent à la Côte de l'or, au delta du Niger et aux îles du golfe de Guinée. Diego Cao arrive à l'embouchure du rio Poderoso, l'actuel fleuve Congo, en 1483. Quatre ans plus tard, en 1487, Bartolomeu Dias de Novais continua de longer les côtes du continent et parvint l'année suivante au Cap de Bonne-Espérance. En novembre 1497, sur l'ordre du roi portugais Manuel, Vasco de Gama lança une expédition en direction de l'Inde en passant par le Cap de Bonne-Espérance[36]. Quelques mois plus tard, le 27 avril 1498, les Portugais arrivent à Calicut en Inde. Le but est finalement atteint. Des efforts assidus d'environ un siècle sont ainsi

---

[35] R. CORVENIN, *Histoire de l'Afrique*. Tome 1, pp. 270-274.

[36] *Chronique de l'humanité*, Paris, Larousse, 1986, p. 444.

couronnés de succès[37]. Ce fut une grande découverte pour le Portugal et pour toute l'Europe. Tomba ainsi le monopole arabe sur le commerce de l'Asie. À partir de la fin du XVe siècle, les Portugais installèrent des comptoirs commerciaux sur les côtes africaines comme Elmina (1481). À cette époque, Anglais, Français, Allemands, étaient encore absorbés par des conflits internes et le souci de la constitution de leurs nations respectives. Ils n'étaient pas encore préoccupés par la conquête des terres en Afrique. Aussi, avec les guerres de religion, les pays de l'Europe centrale (XVIe-XVIIe siècle) n'étaient pas encore unifiés pour penser à se procurer un territoire colonial. De fait, « comment coloniser quand on s'égorge pour ou contre Calvin ? Espagnols et Portugais ont les mains libres, parce qu'ils ont choisi d'être catholiques »[38]. Néanmoins, vers la fin du XVIIe siècle, les autres pays de l'Europe allaient suivre les pas des pays de la péninsule ibérique, dans cette œuvre de commerce et de colonisation. Une œuvre où se mêlent intérêts politiques et intérêts religieux. C'est l'époque de la colonisation du continent africain.

La colonisation

La colonisation n'est pas un fait nouveau. C'est un phénomène de tous les temps. À travers l'histoire de l'humanité, nous connaissons par exemple la colonisation de la Palestine par les Romains, dans l'Antiquité ; et celle de la Gaule par les peuples barbares, au Moyen-Âge. Mais souvent, quand on parle de « colonisation », la tradition historique occidentale fait recours au fait colonial du XVe siècle, c'est-à-dire celui de l'époque des Grandes

---

[37] B. LUGAN, *Histoire de l'Afrique*, pp. 272-275.

[38] René SEDILLOT, *Histoire des colonisations*, Paris, Librairie Arthème Fayard, 1958, p. 368.

Découvertes[39]. En termes clairs, « la colonisation désigne l'occupation, la mise sous tutelle et éventuellement l'exploitation de régions d'extension variable »[40]. Ou encore, le mot "colonie" désigne « un établissement fondé dans un pays étranger, et qui est placé sous la dépendance du pays occupant. Il s'élargit ensuite à un groupe de personnes allant peupler et exploiter un tel territoire »[41]. Le processus de colonisation peut donc se résumer en trois phénomènes principaux : la conquête d'un territoire, le déplacement de population (les colons), et l'exploitation des richesses de l'espace assujetti au profit du pays colonisateur appelé métropole[42].

À l'Époque moderne, tout a commencé avec les voyages de Christophe Colomb en Amérique (1492). Certains pays européens avaient réussi à faire passer sous leur autorité une bonne partie de la planète, de manière à l'exploiter à leur profit[43]. Dès le XVIe siècle, la réalité de la conquête des territoires, l'exploitation des terres, la soumission des populations autochtones et l'évangélisation des peuples suscitèrent en Europe des débats sur le droit à la colonisation[44]. Le problème de la légitimité des conquêtes coloniales se posa à la conscience chrétienne. On fit recours aux universités pour débattre de la question. Des théologiens et canonistes ont tenté de donner leurs avis. Si malgré les débats et les oppositions la colonisation continuait, c'est parce que les États dits supérieurs s'étaient arrogés un droit de colonisation sur les autres peuples. Il se

---

[39] Marc FERRO, *Histoire des colonisations. Des conquêtes aux indépendances, XIIe-XXe siècle*, Paris, Seuil, 1994, p. 15.

[40] Julie DELAMARD, « Colonisation et histoire. Ecritures, influences, usage », in *Hypothèses*, 10 (2007), p. 246.

[41] C. PRUDHOMME, *Missions chrétiennes et colonisation*, p. 17.

[42] B. PHAN, *Colonisation et décolonisation*, p. 12.

[43] B. PHAN, *Colonisation et décolonisation*, p. 11.

[44] C. PRUDHOMME, *Missions chrétiennes et colonisation*, pp. 40-43.

développa alors l'idée d'une infériorité légale, d'un assujettissement légitime, d'une domination politique[45] et même religieuse. C'est ainsi que, en toute bonne conscience, les colonisateurs continuèrent leur œuvre de colonisation au nom, selon eux, de la civilisation et dans l'intérêt bénéfique des colonisés.

Selon le mouvement des conquêtes, la colonisation à partir du XVIe siècle a connu deux phases. Le premier temps fort de la colonisation fut celui des royaumes ibériques (XVIe-XVIIIe siècle). Le domaine particulier de cette première colonisation fut l'Amérique, dite latine ; sans oublier que c'était le moment où le Portugal circumnaviguait l'Afrique dans l'espoir de joindre l'Asie et tenter de prendre contact avec le Prêtre-roi Jean[46]. Ces voyages allaient permettre aux Portugais de s'installer sur les côtes africaines et de développer d'importantes activités commerciales et coloniales. Au cours de cette période les missions d'évangélisation étaient prises en charge par les rois catholiques[47].

Le deuxième temps fort de la colonisation fut celui de l'avènement de la Révolution industrielle en Europe (XIXe-XXe siècle). L'Afrique et une bonne partie de l'Asie constituaient le théâtre de cette hégémonie de l'Europe sur le monde. Cette colonisation fut donc « une des manifestations de l'impérialisme, c'est-à-dire de la volonté et de la capacité d'une puissance de placer d'autres États, plus faibles, dans une dépendance politique et économique »[48]. À partir du XIXe siècle, l'expansion coloniale, qui s'était un peu atténuée entre-temps, va reprendre de la vigueur avec deux nouvelles puissances européennes : l'Angleterre et la France. Y participèrent

---

45 B. PHAN, *Colonisation et décolonisation*, p. 13.

46 B. PHAN, *Colonisation et décolonisation*, p. 11.

47 B. PHAN, *Colonisation et décolonisation*, pp. 19-27.

48 B. PHAN, *Colonisation et décolonisation*, p. 13.

aussi plus tard la Belgique, l'Allemagne, l'Italie. Les mobiles de cette deuxième vague de colonisation ne sont pas différents de la première.

Avec les progrès de la médecine et l'amélioration des conditions de vie, l'Europe connut au XIXe siècle, une grande croissance démographique. Entre 1850 et 1914, la population anglaise passa de 28 à 46 millions d'habitants ; la France alla de 36 à 39 millions ; l'Allemagne enregistra un grand record allant de 40 à 78 millions ; l'Italie passe de 26 à 37 millions[49]. Cette Europe en pleine croissance économique avait besoin aussi des matières premières et des débouchés pour écouler le surplus de ses produits. En outre, les pays cherchaient des points stratégiques et des bases navales afin de mieux protéger les territoires conquis. Le goût de l'aventure, du prestige et de la découverte poussait également les gens hors de l'Europe. À toutes ces raisons, il faut ajouter que l'Europe voulait imposer sa culture aux autres peuples qu'elle estimait « primitifs et sans culture ». L'Europe voulait porter aussi aux peuples le salut à travers l'évangélisation[50].

Tous ces motifs avaient provoqué une ruée sur l'Afrique. La première colonisation s'étant beaucoup plus limitée aux zones côtières, cette seconde colonisation va aller plus au cœur du continent dont l'intérieur restait encore inconnu. Explorateurs, marchands, et missionnaires allaient le pénétrer et le parcourir. Mais y allant de manière dispersée, les pays européens entrèrent en conflit, entre eux, à propos de leurs possessions et surtout des limites de celles-ci. Cette compétition coloniale raviva des tensions toujours latentes entre ces pays européens. Afin d'éviter ces contentieux et de mieux régler cette course à la conquête coloniale, le chancelier allemand Otto von Bismarck convoqua à Berlin une conférence internationale pour débattre de la question

---

[49] B. PHAN, *Colonisation et décolonisation*, p. 95.

[50] B. PHAN, *Colonisation et décolonisation*, pp. 95-103.

de l'occupation de l'Afrique et établir les règles qui devraient régir cette colonisation[51]. La conférence de Berlin prouve désormais que les problèmes coloniaux ont des implications importantes dans les relations internationales. Convoquée en réalité à cause des dissensions au sujet surtout de l'occupation de l'Afrique centrale, la conférence allait dépasser de très loin ses objectifs[52]. Du 15 novembre 1884 au 26 février 1885, les pays colonisateurs autour de Bismarck traitèrent alors du sort de l'Afrique. Désormais, le coup de sifflet officiel est lancé pour l'invasion et l'exploitation européennes de l'Afrique. Voici les grandes lignes de ce que furent les conclusions de cette assise, connues sous le nom de « Acte de Berlin » :

- Les bassins des fleuves Congo et Niger sont désormais des zones de libre-échange commercial ;
- Les comptoirs ou établissements sur les côtes du continent ne donnent pas *ipso facto* droit à une extension à l'intérieur des terres ;
- Les puissances colonisatrices ne peuvent imposer leur souveraineté que sur des territoires non occupés par une autre puissance ;
- L'agrandissement d'un territoire s'arrête quand les limites de celui-ci rencontrent celles d'un territoire déjà occupé par un autre État européen ;
- Toute puissance prenant possession d'une portion du littoral africain doit en informer les signataires de l'Acte de Berlin pour ratification ;

---

[51] Quatorze pays participèrent à cette fameuse conférence : l'Allemagne, la France, l'Angleterre, le Portugal, l'Espagne, l'Autriche-Hongrie, la Belgique, l'Italie, les Pays-Bas, la Russie, la Suède-Norvège, le Danemark, l'Empire ottoman, c'est-à-dire l'actuelle Turquie, ainsi que les États-Unis à titre d'observateur.

[52] Pierre GUILLAUME, *Le monde colonial XIX*[e]*-XX*[e] *siècle*, Paris, Armand Colin, 1974, p. 40.

- En cas de difficulté, les contentieux éventuels seront réglés par des accords bilatéraux[53].

Ces règles du jeu devaient permettre une conquête moins conflictuelle de l'Afrique. L'Acte de Berlin marqua le coup d'envoi plus officiel de la conquête de l'Afrique. Cependant, il faut noter que cette colonisation a eu aussi ses adversaires. Mais leurs voix n'avaient pu éteindre l'élan vital dont l'Europe avait besoin ; cette Europe qui voyait tout le profit qu'elle pouvait tirer de la colonisation. Les analyses de l'historien américain Carlton Hayes éclairent mieux sur la situation.

> La France cherchait à compenser ses pertes en Europe par des gains outre-mer. L'Angleterre souhaitait compenser son isolement en Europe en agrandissant et en exaltant l'Empire britannique. [...] Quant à l'Allemagne et à l'Italie, elles allaient montrer au monde qu'elles avaient le droit de rehausser leur prestige, acquis par la force en Europe, par des exploits impériaux dans d'autres continents[54].

Quelles furent alors en France et en Allemagne les idées qui avaient poussé plus concrètement à la colonisation ?

Les idées coloniales françaises et allemandes

La colonisation a été un phénomène commun à la quasi-totalité des pays africains. Le Togo, pays qui fait l'objet de notre présent ouvrage, en a connu principalement deux : le protectorat allemand (1884-1914) puis la tutelle française (1919-1960). Mais de ces deux pays, la France fut la première à se lancer dans la conquête des colonies en Afrique.

---

[53] B. LUGAN, *Histoire de l'Afrique*, pp. 512-513.

[54] Carlton HAYES, cité par Godfrey UZOIGWE, « Partage européen et conquête de l'Afrique : Aperçu général », in Abu BOAHEN, *Histoire générale de l'Afrique. Tome 7 : l'Afrique sous domination coloniale, 1880-1935*, Paris, Éditions Unesco, 1987, p. 44.

Longtemps combattues, les idées coloniales vont finir par gagner le parlement français. L'une des premières doctrines de la colonisation française repose sur le discours de François Guizot (1787-1874), alors ministre des Affaires étrangères :

> Il convient peu à la politique et au génie de la France de tenter, à de grandes distances de son territoire, de nouveaux et grands établissements coloniaux et de s'engager à leur sujet dans de longues luttes, soit avec les naturels du pays, soit avec d'autres puissances. Mais ce qui convient à la France, ce qui lui est indispensable, c'est de posséder, sur les points du globe qui sont destinés à devenir de grands centres de commerce et de navigation, des stations maritimes sûres et fortes qui servent d'appui à notre commerce, où il puisse venir se ravitailler et chercher un refuge[55].

C'est ainsi que la France prit du large et peu à peu commença par s'intéresser à la conquête coloniale. Les raisons économiques et stratégiques furent alors déterminantes pour l'entrée de la France dans la course aux colonies en Afrique. Mais les débuts furent un peu timides. « Entre les années 1820 et 1870, les marins portèrent à eux seuls la politique d'expansion coloniale et cela, dans la quasi-indifférence de la métropole »[56]. L'avènement de la troisième république (1870) portant au pouvoir la grande bourgeoisie opportuniste, pour qui le domaine commercial et industriel était bien important, fut déterminant pour la France. Son plus grand représentant, Jules Ferry, poussa à l'expansion coloniale. Il y voyait une importante occasion de se procurer des matières premières et des débouchés pour les produits[57]. C'est ainsi que vers la fin du XIXe

---

[55] Extrait du discours prononcé par le ministre François Guizot à la Chambre des Députés le 31 mars 1842. Cf. B. LUGAN, *Histoire de l'Afrique*, p. 553.

[56] B. LUGAN, *Histoire de l'Afrique*, p. 555.

[57] Teobaldo FILESI, *Evoluzione storico-politica dell'Africa,* Como, Casa Editrice Pietro Cairoli, 1967, p. 68.

siècle, la France va s'engager en Afrique. Jules Ferry définit en ces termes la doctrine coloniale française (1885) :

- au niveau économique, la France cherche à construire un empire colonial qui lui fournira un débouché ;
- au niveau philosophique, la France, patrie des Lumières, a la responsabilité de faire connaître aux autres peuples le message universaliste ;
- au niveau politique, la constitution d'un empire colonial donnerait à la France de nouvelles conditions de rayonnement comme une grande puissance[58].

La colonisation était, par ailleurs, pour la France républicaine, un devoir révolutionnaire car elle devrait permettre de briser les "chaînes" des peuples assujettis par les tyrans qui les gouvernaient. Au niveau missionnaire, la colonisation permettra de diffuser la religion catholique et convertir ceux qu'on nommait encore "primitifs"[59]. Sur cette lancée, la France a construit en Afrique un immense empire colonial qui va dépasser plus tard les possessions du Portugal. L'empire colonial allemand n'est que peu de chose par rapport à l'empire colonial français.

Au niveau de l'Allemagne, la course aux colonies fut tardive. La politique allemande était celle de Bismarck : « je ne suis pas un colonial ». Et il ajoutera plus tard : « aussi longtemps que je suis chancelier, nous n'aurons pas de politique coloniale ». Mais à travers les pressions de l'Association coloniale allemande et de la Société pour la colonisation allemande[60] Bismarck cède finalement à la requête d'engager l'Empire allemand dans la conquête coloniale. Mais il faut dire que c'est surtout après la mise à l'écart de Bismarck par le nouvel empereur Guillaume II

---

[58] B. LUGAN, *Histoire de l'Afrique*, p. 561.

[59] B. LUGAN, *Histoire de l'Afrique*, p. 563.

[60] En 1887, ces deux sociétés vont fusionner pour devenir la *Deutsche Kolonial Gesellschaft*.

(1859-1941) que l'Allemagne va développer une véritable politique coloniale.

La politique allemande de la colonisation a été aussi offensive que celle de ses prédécesseurs : acquérir des territoires, créer des bases commerciales et navales, intensifier une activité agricole importante. Afin de mener à bien ce projet colonial, le gouvernement impérial se constitua une administration particulière. Au sein du ministère des Affaires étrangères, une direction fut créée pour s'occuper spécialement des colonies. En 1890, le *Kolonialrat*[61] ou le conseil colonial fut donc mis sur pied.

Bien que Bismarck fût conquis plus ou moins à la cause coloniale, il fallut attendre l'avènement du chancelier Carl Viktor von Hohenlohe-Shillingdfürst pour marquer complètement l'engagement du *Reich* dans une véritable politique coloniale[62]. Cet engagement définitif s'est traduit par une augmentation significative du budget alloué à l'entreprise coloniale. Ce budget passe de 2 millions de Deutsche Mark, pour l'exercice de l'année 1890-1891, à près de 10 millions pour l'année 1896-1897[63]. La dernière à se lancer sur le marché des colonies, l'Allemagne commença son périple en signant des traités de protectorat sur les territoires conquis. À partir de 1884, plusieurs traités de protectorat vont être signés. Sur la côte occidentale de l'Afrique, il y a le Togo et le Cameroun. Le protectorat plaçait donc les territoires sous la tutelle de l'Empire allemand. Celui-ci y voyait l'occasion d'une importante activité économique et stratégique ainsi qu'un apport important en matière de prestige national sur la scène

---

[61] Le *Kolonialrat* est une commission de techniciens de 19 membres. Ceux-ci sont nommés par le chancelier de l'empire et choisis parmi les hommes qui ont une expérience des territoires lointains. Cf. B. LUGAN, *Histoire de l'Afrique*, p. 616.

[62] B. LUGAN, *Histoire de l'Afrique*, p. 615.

[63] B. LUGAN, *Histoire de l'Afrique*, p. 615.

politique internationale et diplomatique. Avec ces traités de protectorat, l'Allemagne s'engagea dans la construction de ces territoires en vue de nourrir la métropole. Des administrations vont s'installer sur place pour diriger ces colonies. Des écoles seront aussi construites pour l'instruction de la population espérant y former la relève des futurs auxiliaires des autorités coloniales. Cette activité coloniale va s'accompagner aussi d'une forte activité évangélisatrice que l'Acte de Berlin reconnaît[64].

Colonisation et Missions chrétiennes

La mission évangélisatrice de l'Église

De l'Antiquité jusqu'à nos jours, l'Église ne cesse de répondre à ce commandement de Jésus : « Allez donc ! De toutes les nations faites des disciples, baptisez-les au nom du Père, du Fils, et du Saint-Esprit ; et apprenez-leur à garder tous les commandements que je vous ai donnés ». (Mt 28, 19-20). Cette injonction de Jésus à ses disciples de répandre la Bonne Nouvelle dans le monde constitue pour l'Église une mission fondamentale. Porter l'Évangile aux nations, de Jérusalem à Antioche ; de l'Asie Mineure à Rome ; de l'Empire romain à toute l'Europe ; et de l'Europe au reste du monde, fut une importante activité missionnaire. Cependant, bien que l'Église soit toujours consciente de cette mission évangélisatrice, il a fallu attendre les progrès de la navigation et surtout la connaissance de la réalité

[64] Acte de Berlin, chapitre I, article 6 : La liberté de conscience et la tolérance religieuse sont expressément garanties aux indigènes comme aux nationaux et aux étrangers. Le libre et public exercice de tous les cultes, le droit d'ériger des édifices religieux et d'organiser des missions appartenant à tous les cultes ne seront soumis à aucune restriction ni entrave. Cf. GRANDS TRAITES POLITIQUES. Acte général de la conférence de Berlin 1885, http://mjp.univ-perp.fr/traites/1885berlin.htm, consulté le 27/02/2020.

d'autres territoires, jusque-là encore méconnus de l'Europe, pour donner un nouvel élan et une nouvelle physionomie à la manière de comprendre et de réaliser cette mission évangélisatrice. C'est donc « à partir du XVe siècle que les Portugais utilisèrent ce mot *mission* et l'appliquèrent aux prêtres qui, dans les expéditions outre-mer, n'étaient plus simplement des aumôniers des marins, mais des prédicateurs itinérants »[65].

Tout commence avec l'arrivée des premiers Européens (Portugais et Espagnols) dans les terres de l'Afrique, de l'Amérique et de l'Asie. Sur le continent africain[66], l'expansion du christianisme, grâce à l'action des missionnaires portugais, a commencé à partir de la fin du XVe siècle[67]. Mais à partir du XIXe siècle, les autres pays de l'Europe emboîtèrent le pas au Portugal. Entre-temps, au XVIIe siècle, il y eut la création de la congrégation de la *Propaganda Fide* (1622) qui bouleversa la manière de mener l'activité missionnaire. Ce dicastère de la curie romaine enleva aux souverains ibériques leur autonomie sur les missions. Désormais, l'Église reprend en main l'organisation et la réalisation de la mission dans les territoires hors de l'Europe.

L'avènement de la sacrée congrégation de la *Propaganda Fide* permet de voir l'action missionnaire de

---

[65] Jean ILBOUDO, « De l'histoire des missions à l'histoire de l'Église », in Giuseppe RUGGIERI (éd.), *Église et Histoire de l'Église en Afrique. Actes du colloque de Bologne 22-25 octobre 1988*, Paris, Beauchesne, 1988, p. 120.

[66] Cette activité missionnaire ne prend pas en compte l'Égypte et l'Éthiopie qui ont connu l'Évangile depuis l'époque antiquité chrétienne.

[67] Dans le royaume du Kongo, l'histoire du christianisme a commencé vers les années 1482 quand les Portugais arrivèrent sur les rives du fleuve Kongo. Cf. John BAUR, *2000 ans de Christianisme en Afrique : Une histoire de l'Église africaine*, Kinshasa, Paulines, 2001, p. 53.

l'Église en deux périodes. Ces deux périodes ont comme point de référence le XVIIe siècle : avant le XVIIe siècle et à partir du XVIIe siècle[68].

Avant le XVIIe siècle

Bien que le christianisme fût présent sur le continent africain depuis l'Antiquité chrétienne en Égypte, en Éthiopie, en Nubie, et dans l'Afrique latine, le reste du continent n'a connu le christianisme qu'à partir de l'Époque moderne.

De fait, parmi les raisons officielles qui portèrent l'expédition portugaise vers la recherche d'une route vers des Indes, nombreuses étaient d'ordre religieux, comme cela a été mentionné plus haut[69]. Mais avec le temps, les raisons principales de la présence des Portugais sur les côtes africaines pouvaient se résumer en deux mots : commerce et mission. L'idéal de la mission évangélisatrice de l'Église était porté par l'infant Henri le Navigateur. En réalité, il fut le vrai initiateur de l'évangélisation de l'Afrique subsaharienne : « quant au désir d'établir de futures missions, le chroniqueur dit que le prince Henri était aussi poussé par son désir de faire croître la foi en Notre Seigneur Jésus Christ et de lui apporter toutes les âmes qui devaient être sauvées »[70]. Ce désir d'Henri le Navigateur lui fit obtenir la légitimation papale, fondamentale pour une telle entreprise à cette époque. D'ailleurs, déjà au XIIIe siècle, l'expansion européenne en direction des autres parties du monde était aussi considérée comme un mouvement d'expansion du christianisme[71]. Aussi la mission

---

68 Bernard SALVAING, « Missions chrétiennes, christianisme et pouvoirs en Afrique noire de la fin du XVIIIe siècle aux années 1960 : permanences et évolutions », in *Outre-mers*, 93 (2006), pp. 296-298.

69 Le paragraphe plus haut sur *l'arrivée des Européens en Afrique*.

70 J. BAUR, *2000 ans de Christianisme en Afrique*, p. 43.

71 Charlotte de CASTELNAU-L'ESTOILE, « Des sociétés coloniales catholiques en Amérique ibérique à l'époque moderne », in

évangélisatrice en Afrique était-elle vue sous l'optique de la croisade. C'est ainsi qu'au milieu du XVe siècle, les Portugais abordèrent les rivages inconnus de l'Afrique avec des bulles de croisades, obtenues auprès des papes[72]. Le Portugal était ainsi exempt de toute activité de croisade en Terre sainte parce que ses expéditions maritimes en Afrique étaient assimilées à des croisades contre les ennemis du Christ[73], notamment les musulmans. Après la prise de la ville de Ceuta (1415), le pape Martin V (1368-1431) avait d'ailleurs exhorté le roi et les évêques portugais à continuer « la croisade africaine » dans le but répandre la foi ; et il garantissait aux croisés la rémission de leurs péchés[74]. Toute cette activité commerciale et missionnaire du Portugal s'inscrivait dans le contexte général de la division du monde entre l'Espagne et le Portugal et surtout du *Padroado*.

En effet, l'essor de l'Empire ottoman à la suite de la chute de Constantinople et l'expansion de l'islam constituèrent la première atmosphère de la mission évangélisatrice en Afrique subsaharienne. Pour mieux

---

Dominique BORNE et Benoît FALAIZE (éd.), *Religions et colonisation XVI-XXe siècle : Afrique-Amérique-Asie-Océanie*, Paris, Les éditions de l'Atelier/Editions Ouvrières, 2009, p. 20.

72 C. de CASTELNAU-L'ESTOILE, « Des sociétés coloniales catholiques en Amérique ibérique », p. 20.

73 C. de CASTELNAU-L'ESTOILE, « Des sociétés coloniales catholiques en Amérique ibérique », p. 20.

74 J. BAUR, *2000 ans de Christianisme en Afrique*, p. 43. Par la bulle *Rex regum* du 4 avril 1418, soit environ deux ans après la conquête de la ville de Ceuta, le pape Martin V concédait aux croisés, qui allaient suivre les ordres du roi Jean Ier dans son entreprise au Maroc, l'indulgence plénière et toutes les garanties qui étaient souvent accordées aux croisés allant en Terre Sainte. Cf. Jean-Marie MAYEUR, Charles et Luce PIETRI, André VAUCHEZ, Marc VENARD (éd.), *Histoire du christianisme. Tome 7 : De la réforme à la réformation (1450-1530)*, Paris, Desclée, 1994, p. 560.

comprendre ce contexte, la connaissance de certaines bulles pontificales paraît importante.

Quelques mois avant la chute de Constantinople (1453), le pape Nicolas V (1397-1455) adressait à Alphonse V, roi du Portugal, la bulle *Dum diversas* qui date du 18 juin 1452. La bulle concédait « au roi d'une façon très générale l'autorisation (*facultas*) d'attaquer, conquérir et soumettre les sarrasins, païens et autres infidèles ennemis du Christ ; de s'emparer de leurs territoires et de leurs biens »[75]. Dans ce document pontifical, on peut trouver implicitement l'ordre de soumettre à la foi catholique ceux qui viennent d'être cités. Cette bulle peut être aussi considérée comme une bulle de croisade.

Environ deux ans et demi plus tard, le pape émit une nouvelle bulle. Il s'agit de la bulle *Romanus pontifex* du 8 janvier 1455. À travers cette bulle, le pape concédait au Portugal une suprématie sur toute l'Afrique. Mais en échange, le roi avait la charge de la mission évangélisatrice sur le continent. Par cette bulle, le pape réaffirmait son autorité suprême comme vicaire du Christ et il indiquait aussi l'intention pastorale qui inspirait la bulle :

> Par la présente, nous décrétons et déclarons que les provinces, îles, ports, lieux et mers, quelle que soit leur grandeur et qualité, déjà conquis ou qui seront conquis dans le futur, et même cette conquête qui commence des caps de Bojador et de Num, sont des propriétés du roi Alphonse et de ses successeurs. Nous les leur offrons, concédons et donnons à perpétuité afin qu'ils puissent fonder et construire dans les provinces, dans les îles et dans les lieux déjà conquis ou qui seront conquis, maintenant et dans le futur, des églises, des monastères et autres lieux saints, et y envoyer des ecclésiastiques disponibles, soit séculiers ou réguliers des ordres mendiants (avec la permission des supérieurs) ; et nous décrétons aussi que les mêmes ecclésiastiques qui arrivent dans ces terres peuvent librement et licitement écouter les confessions, absoudre les

[75] Charles-Martial De WITTE, « Les bulles pontificales et l'expansion coloniale au XVe siècle », in *Revue d'Histoire Ecclésiastique*, 51 (1956), p. 425.

péchés et donner une pénitence, en toute chose, excepté les cas réservés au Saint-Siège, et administrer les autres sacrements[76].

Quelques années plus tard, avec l'arrivée de Christophe Colomb en Amérique (1492), le pape Alexandre VI (1431-1503) écrivit la bulle *Inter caetera* (4 mai 1493) qui affirmait de nouveau la souveraineté des rois catholiques sur les territoires conquis. Mais cette nouvelle bulle apporta une nouveauté. Pour régler des contentieux entre les royaumes ibériques, la bulle délimitait une ligne de démarcation entre les possessions portugaises et les possessions espagnoles. Le monde fut de ce fait divisé en deux parties. Le pape Alexandre VI concéda ainsi à l'Espagne les terres à l'ouest du méridien passant à 100 lieues des îles Açores[77]. Et le Portugal reçut les terres situées à l'est. Cependant le roi portugais Jean II (1455-1495) s'estimait lésé par ce partage qu'il pensait être plus en faveur de l'Espagne. Il parvient à obtenir une révision du partage. Grâce à un nouveau traité à Tordesillas, en Espagne, le 7 juin 1494, les limites furent déplacées[78]. La ligne de démarcation se trouvait désormais à 370 lieues à l'ouest des îles du Cap-Vert[79].

---

[76] Notre traduction partielle du texte italien de la bulle du pape. Cf. Bolla di Niccolò V *Romanus Pontifex*, 8 gennaio 1455 in Luis Martínez FERRER, Pier Luigi GUIDUCCI (éd.), *Fontes: Documenti fondamentali di storia della Chiesa*, Milano, San Paolo, 2005, p. 292.

[77] Les îles Açores sont situées dans l'Atlantique Nord, à environ 1500 km des côtes portugaises.

[78] Jean DELUMEAU (éd.), *Histoire du monde de 1492 à 1789*, Paris, Larousse, 2010, p. 2. Alphonse QUENUM, *Les Églises chrétiennes et la traite atlantique du XVe au XIXe siècle*, Paris, Karthala, 2008, p. 77. L'Afrique se trouvait maintenue dans le domaine portugais. Ainsi le Portugal disposait-il d'un grand champ missionnaire qui dépassait de loin les moyens dont il disposait en vue d'une réelle mission d'évangélisation.

[79] Les îles du Cap-Vert se trouvent dans l'océan Atlantique, au large des côtes sénégalaises.

Par ces bulles, les papes concédaient le monde aux royaumes ibériques ; et ils accordaient, par la même occasion, toute leur bénédiction à leurs œuvres commerciales et colonialistes. Mais en contrepartie, ces royaumes ibériques devaient se charger de la mission d'évangélisation dans leurs possessions. C'est ainsi que ces documents pontificaux furent également à l'origine du système du *Padroado*.

Le *Padroado* est le contrat du patronat par lequel l'Église, à travers les papes, confiait au Portugal (et aussi à l'Espagne) une autorité suprême sur les missions dans les territoires outre-mer. Cela « implique un transfert d'autorité qui subordonne désormais l'intervention pontificale dans les empires coloniaux à l'accord du Portugal. [...] La mission se fait sous la bannière des souverains ibériques »[80]. Les clauses du *Padroado* obligeaient les souverains portugais à christianiser les habitants de tous les lieux où leurs hommes prendraient pied. C'est ainsi que les comptoirs et les forts devenaient des points de départ de la première initiative d'évangélisation de l'Afrique subsaharienne.

En termes clairs, le *Padroado* c'est la mission donnée au Portugal de « fonder et construire dans les provinces, dans les îles et dans les lieux déjà conquis ou qui seront conquis, maintenant et dans le futur, des églises, des monastères et autres lieux saints, et y envoyer des ecclésiastiques disponibles, soit séculiers ou réguliers des ordres mendiants »[81]. Le roi du Portugal est désormais responsable de la fondation et la dotation des sièges épiscopaux, des aumôneries et des couvents. Par conséquent, le transport des missionnaires vers les lieux de mission était gratuit. En tant que première responsable de l'évangélisation, la Couronne était chargée non seulement de l'organisation et

[80] C. PRUDHOMME, *Missions chrétiennes et colonisation*, p. 49.
[81] L. M. FERRER, P. L. GUIDUCCI (éd.), *Fontes*, p. 292.

du maintien du personnel des missions outre-mer, mais aussi de leur soutien matériel et financier. En retour, il est accordé au roi la faculté de présenter des candidats à l'épiscopat et aux principales charges ecclésiastiques, de lever la dîme. Du fait que l'exclusivité des activités était réservée au Portugal, aucun missionnaire ne pouvait se rendre en Afrique ou y séjourner sans un passeport royal[82].

Le *Padroado* fut alors une sorte d'accord entre l'Église et le Portugal. Il permit ainsi l'évangélisation de certaines parties de l'Afrique subsaharienne à partir de la fin du XVe siècle. L'un des exemples les plus significatifs fut notamment le royaume Kongo[83]. Des missionnaires y furent envoyés par le roi portugais Jean II (1481-1495) en 1491. Le 3 mai 1491, le roi Nzinga Nkuwu et son fils aîné Mvemba Nzinga (qui devint Alfonso) de même qu'un grand nombre de ses notables furent baptisés[84]. Bien qu'il soit peut-être osé de dire que par le baptême du roi Nzinga Nkuwu, qui devint Jean Ier, le royaume Kongo était devenu officiellement chrétien, on pourrait du moins affirmer avec le pape Paul VI que le Kongo est « le fils aîné de l'Église en Afrique noire »[85].

À la suite de son père, Alfonso Ier tenta d'établir au Kongo un règne chrétien. Il fut tellement inébranlable dans sa foi et dans sa conviction d'être chrétien qu'on le nomma finalement le « *plus chrétien des rois* ». D'ailleurs, Alfonso

---

[82] J. BAUR, *2000 ans de Christianisme en Afrique*, pp. 44-45.

[83] Le royaume du Kongo est l'un des plus anciens royaumes d'Afrique. Il s'étendait sur un territoire situé au nord par le fleuve Kongo, au sud par la rivière Kwanza, à l'est par le Kwango et à l'ouest par l'océan Atlantique. Le royaume du Kongo couvrait alors une bonne partie de la République Démocratique du Congo, le Congo-Brazzaville, et l'Angola. Ses origines remontent aux XIIIe-XIVe siècle. Le royaume Kongo fut fondé par Ntimu Mwene. Cf. J. BAUR, *2000 ans de Christianisme en Afrique*, pp. 52-54.

[84] J. BAUR, *2000 ans de Christianisme en Afrique*, p. 54.

[85] J. BAUR, *2000 ans de Christianisme en Afrique*, p. 54.

avait le grand rêve d'un clergé kongolais et d'une hiérarchie ecclésiastique kongolaise. Dans ce but, il envoya son fils, Dom Henrique, et d'autres jeunes étudier à Lisbonne. À la suite de ses études, Dom Henrique fut ordonné prêtre en 1520, puis évêque *in partibus* d'Utique en 1521[86]. Ce fut le premier évêque de l'Afrique noire.

Sur la façade occidentale du continent, le long de la côte du golfe de Guinée, on note que Jean II du Portugal envoya aussi des missionnaires à Gato[87] à la demande du roi du royaume du Bénin[88]. Mais l'activité de ces missionnaires ne porta pas beaucoup de fruits à cause du comportement du roi du Bénin. Il semble qu'il aurait sollicité la présence des missionnaires parce qu'il voyait dans le christianisme un moyen pour accroître sa puissance par rapport aux royaumes voisins. Ce n'était donc pas un désir sincère de baptême[89]. Également sur la côte des Esclaves, Elmina fut non seulement un point de fortes activités commerciales, mais aussi un lieu d'évangélisation. En 1572, quatre pères de Saint-Augustin y furent envoyés. Même si le christianisme se cantonna autour des deux forts d'Elmina, il est remarquable de voir que la région comptait déjà environ 600 chrétiens catholiques lorsque Elmina fut conquise par les calvinistes hollandais en 1637[90]. De ce fait, Elmina deviendra un point important des activités religieuses et missionnaires protestantes.

Vers le sud du golfe de Guinée, en Angola, le christianisme, introduit au XVIe siècle, était resté beaucoup plus une religion des colons portugais, et au mieux, des mulâtres et des négriers angolais. Sur la côte orientale du

---

[86] J. BAUR, *2000 ans de Christianisme en Afrique*, p. 57.

[87] C'est une localité située dans l'actuel Nigeria.

[88] Ce royaume se situait au sud-ouest de l'actuel Nigeria.

[89] Jean BONFILS, *La Mission catholique en République du Bénin. Des origines à 1945*, Paris, Karthala, 1999, p.12.

[90] J. BAUR, *2000 ans de Christianisme en Afrique*, p. 46.

continent, dans le royaume de Monomotapa, le christianisme prit place vers 1560. Mais faute de racines solides, il disparut vers le XVIIe siècle avec le déclin progressif du royaume[91].

En somme, au cours de cette période dominée par la présence portugaise, la « christianisation de l'Afrique [...] se borna pour l'essentiel à ce qui avait prévalu sous Henri le Navigateur : le baptême et l'instruction sommaire des esclaves transférés en métropole et dans les îles »[92]. Les chrétientés nées des missions portugaises n'ont pas beaucoup survécu. La contradiction entre le message de l'Évangile annoncé et le commerce des esclaves, de même que les comportements des colons portugais, ne permettaient pas le développement d'une vraie activité missionnaire. L'appât au gain, le comportement scandaleux des Portugais et même des missionnaires, l'insuffisance du personnel missionnaire portugais, le manque de suivi et d'encadrement des jeunes Églises dans un empire colonial assez vaste ne permettaient pas au Portugal de répondre véritablement et efficacement à l'exigence de l'accord du *Padroado*. Finalement, le système du *Padroado* n'installa qu'une certaine « christianisation de surface ». Alors en face de cette expérience des déficiences du *Padroado*, l'Église changea de politique missionnaire à partir du XVIIe siècle.

À partir du XVIIe siècle

À partir du XVIIe siècle, la situation mondiale change. Au niveau politique, militaire et économique, les royaumes ibériques avaient créé d'immenses empires coloniaux. Au cours de ce siècle, on note aussi l'émergence de nouvelles puissances maritimes qui commençaient aussi à se tailler

---

[91] B. SALVAING, « Missions chrétiennes », pp. 296-297.

[92] J.-M. MAYEUR, *et alii* (éd.), *Histoire du christianisme.* Tome VII, p. 583.

des colonies dans le monde : les Provinces-Unies[93] (Cap, Ceylan, Batavia), l'Angleterre (Amérique du Nord, Caraïbes, Inde), la France (Nouvelle-France, Antilles, Saint-Domingue, Bourbon, Île-de-France)[94]. Cette nouvelle situation eut aussi son influence sur le domaine religieux et surtout sur le rapport mission-colonisation, jusque-là gouverné par le système du *Padroado*. La France gallicane cherchait à préserver son autonomie en matière de religion. L'Angleterre et les Provinces-Unies, acquises à la cause protestante, échappaient à l'autorité pontificale.

Devant un bilan critique du système du *Padroado* et la nouvelle donne de la situation du monde au XVIIe siècle, l'Église voyait l'urgence de soustraire la charge des missions de l'autorité des souverains ibériques. Or, pour ceux-ci, les missions semblaient être aussi un instrument au service de la domination commerciale et politique. Néanmoins, dans le but de reprendre le contrôle de la diffusion de la « vraie foi » et dans la dynamique du concile de Trente qui réaffirmait la restauration et l'affermissement de l'autorité pontificale, le pape Grégoire XV (1621-1623) créa la sacrée congrégation de la *Propaganda Fide*[95] le 6 janvier 1622. La nouvelle congrégation a pour but de reprendre en main le contrôle et la direction de la

[93] Nom porté par la partie septentrionale des Pays-Bas entre 1579-1795.

[94] C. PRUDHOMME, *Missions chrétiennes et colonisation*, p. 50.

[95] La congrégation de la *Propaganda Fide*, communément appelée « Propagande » en français, est désormais appelée « congrégation pour l'évangélisation des peuples » depuis la Constitution apostolique *Pastor Bonus* du pape Jean-Paul II (1988). En effet, le mot « propagande » dont le sens primitif était « propager », « répandre », avait subi une évolution sémantique, au cours de l'histoire. Il était devenu péjoratif, désignant désormais « imposer », « manipuler » à coup de publicité plus ou moins mensongère, surtout pour une utilité politique (par exemple : propagande marxiste, capitaliste, etc.).

propagation de la foi dans le monde[96] en l'écartant le plus possible des intérêts politiques et économiques.

> La Propagande est le ministère des Missions catholiques, le bureau central des affaires religieuses pour la conversion du monde, le foyer lumineux d'où partent tous les rayons qui mieux que le soleil physique éclairent simultanément les deux hémisphères... Tandis que les princes temporels emploient leurs trésors et exposent la vie de leurs sujets pour satisfaire une frivole ambition, ou pour acquérir un pouce de terrain, la Propagande envoie ses missionnaires jusqu'aux extrémités du monde, non pour mettre à mort mais pour donner la vie de la foi, non pour étendre d'inutiles conquêtes, mais pour adoucir les mœurs, pour prêcher, et, s'il le faut, pour mourir en pardonnant au bourreau[97].

À travers la création de la *Propaganda Fide*, l'Église se démarqua distinctement de la conquête coloniale. À partir du XVIIe siècle, la papauté voulait établir une réelle démarcation entre les missions et la politique des royaumes[98]. L'Église revendiquait désormais haut et fort son autonomie sur les missions. Mais comment va-t-elle procéder sans perdre la protection et le soutien des souverains catholiques ? Évidemment, cette indépendance des missions avait provoqué des différends entre l'Église et les royaumes. Bien que ce sujet ne se situe pas dans le cadre de notre livre, il paraît cependant important de noter qu'avec cette nouvelle congrégation, l'évangélisation a été mieux organisée et mieux suivie, avec des méthodes plus appropriées. L'évangélisation fut désormais confiée à des congrégations religieuses qui commençaient à naître pour des raisons proprement missionnaires. Cette manière de faire va finalement remplacer le *Padroado* : à un institut missionnaire particulier est assigné un territoire déterminé. Un nouveau paysage missionnaire se dessina. Déjà à partir

---

[96] C. PRUDHOMME, *Missions chrétiennes et colonisation*, pp. 50-51.

[97] C. PRUDHOMME, *Missions chrétiennes et colonisation*, p. 52.

[98] B. SALVAING, « Missions chrétiennes », p. 297.

de 1645, les capucins arrivèrent au Congo. Vers 1700, quatre congrégations (les jésuites, les franciscains, les capucins, et les carmes) avaient des maisons dans la ville de Luanda en Angola[99]. À partir du XIXe siècle, avec l'arrivée d'autres pays européens en Afrique, l'évangélisation, bien qu'elle ne renonçât pas au lien avec le pays colonisateur, a été une réelle œuvre de la *Propaganda Fide*.

À travers les activités de la *Propaganda Fide*, l'évolution du travail missionnaire connut une nouvelle physionomie. Des règles étaient fixées :

- La mission est chargée de former un clergé local, avec la possibilité d'ériger un épiscopat après accord du pape ;
- Les missionnaires doivent entretenir une relation étroite avec Rome, et éviter toute interférence avec les autorités civiles dans leur correspondance ;
- Les missionnaires doivent se tenir loin « de la politique et des affaires de l'État », même s'ils sont sollicités ;
- Pour ce qui concerne l'évangélisation des peuples, les missionnaires se garderont « de changer leurs rites, leurs coutumes et leurs mœurs, à moins qu'elles *(sic)* ne soient contraires à la religion et à la morale »[100].

Les recommandations de la *Propaganda Fide* sont assez claires. Mais sur le terrain, qu'en est-il vraiment ? La mission peut-elle vraiment prendre sa distance vis-à-vis de la colonisation alors qu'elle est aussi d'une certaine manière soutenue et même voulue par le pays colonisateur ?

Que pensaient-ils de la christianisation et de la colonisation ?

La religion chrétienne est missionnaire par nature. Mais son extension, depuis l'Antiquité chrétienne, n'a pas

---

[99] J. BAUR, *2000 ans de Christianisme en Afrique*, pp. 61-72.
[100] C. PRUDHOMME, *Missions chrétiennes et colonisation*, p. 59.

toujours été liée à une expansion politique ou à une domination coloniale. « De l'Éthiopie antique à la Corée de la fin du XVIIIe siècle, les exemples ne manquent pas de communautés chrétiennes nées en réponse à une demande autochtone et indépendamment de l'expansion des États chrétiens »[101]. Il serait alors difficile d'affirmer, en valeur absolue, que la christianisation soit fille de la colonisation, d'autant plus qu'il arrive que la mission précède la colonisation[102]. Cependant, il faut tout de même avouer que dans certains lieux, « la simultanéité entre expansion européenne et christianisation est trop évidente pour l'expliquer par une simple coïncidence »[103]. La colonisation semblait devenir une condition *sine qua non* pour une christianisation des peuples rencontrés. L'expérience de la christianisation des Amériques, des Philippines, de l'Afrique subsaharienne et de l'Océanie tend à confirmer qu'une colonisation sans christianisation n'est que ruine de l'âme. Le poète et écrivain martiniquais Aimé Césaire n'avait pas manqué d'exprimer en ces mots la double expérience de la colonisation et de la christianisation : « ceux qu'on domestiqua et christianisa ». Les deux réalités, colonisation et christianisation, tantôt

[101] C. PRUDHOMME, *Missions chrétiennes et colonisation*, p. 8.

[102] Dans le pays Ewé par exemple, la christianisation avait précédé la conquête coloniale du XIXe siècle.

[103] C. PRUDHOMME, *Missions chrétiennes et colonisation*, p. 9.

amies, tantôt ennemies[104], vont pourtant coexister et collaborer[105].

Le renouveau missionnaire au XIXe siècle rendait cette réalité encore plus évidente. Si dans un premier temps, les missionnaires préféraient exercer un contrôle exclusif sur leurs ouailles, et voyaient arriver sans plaisir les soldats, les marchands et les administrateurs coloniaux dont la vie chrétienne pouvait laisser à désirer, dans un second temps, le projet de faire surgir de nouvelles sociétés chrétiennes, sous l'autorité directe ou indirecte des missionnaires ne résista pas à l'idée de l'expansion coloniale[106]. La colonisation était alors une opportunité sans précédent pour répandre la Bonne Nouvelle sur la terre. L'évangélisation et la colonisation constituaient par conséquent des conditions nécessaires pour que les « peuples sauvages » parviennent à l'humanité et au salut[107]. La colonisation devint le bras séculier de la christianisation.

Pendant la période de l'expansion politique européenne où se développaient la conquête coloniale et l'impérialisme, une trilogie semblait caractériser la domination de l'Europe

---

[104] Au sujet de cette question certaines situations illustrent le rapport entre missionnaires et colons : « C'est grâce aux renseignements topographiques et stratégiques fournis par le père Dorgère et ses confrères missionnaires que se fit la conquête du Dahomey contre le roi Béhanzin ». A. QUENUM, *Les Églises chrétiennes et la traite atlantique*, p. 278. Au Togo, missionnaires et colons seront en conflit au sujet du mauvais traitement des Togolais. Jules Kouassi ADJA, *Evangélisation et colonisation au Togo : conflits et compromissions*, Paris, L'Harmattan, 2009, pp. 69-98.

[105] Au Cameroun, par exemple, l'enseignement de l'allemand permettait aux pères pallotins allemands d'obtenir de l'administration du *Reich* le double des subventions accordées aux écoles de la mission protestante de Bâle, restée fidèle aux langues locales.

[106] Claude PRUDHOMME, « Mission, colonisation, décolonisation : vue d'ensemble », in Dominique BORNE et Benoît FALAIZE (éd.), *Religions et colonisation XVIe-XXe siècle*, p. 67.

[107] C. PRUDHOMME, *Missions chrétiennes et colonisation*, p. 44.

sur le monde : révolution industrielle, colonisation, et mission[108]. Cette trilogie va être reprise autrement par l'explorateur et missionnaire protestant David Livingston pour qui « le christianisme et le commerce sont inséparables parce qu'ils sont les pionniers de la civilisation »[109]. Il formula alors la théorie des trois « C » : Christianisation, Commerce et Civilisation. Les personnages qui incarnaient cette théorie étaient donc le missionnaire, le marchand et l'administrateur colonial. Le lien entre colonisation et christianisation allait devenir d'autant plus fort, vu que le christianisme ne semblait n'avoir fait de grand progrès que dans les régions colonisées. De cette manière, les missionnaires « ne refusèrent donc pas de collaborer avec l'administration coloniale ; ils virent dans l'impérialisme [français] un instrument qui favoriserait le rayonnement de la foi chrétienne sur tout le globe »[110]. Mgr Dupanloup (1802-1878), évêque d'Orléans, percevait même dans la conquête coloniale, la réalisation des desseins de la Providence[111]. La mission évangélisatrice ne semblait donc possible qu'à condition que les peuples africains soient dominés par le biais de la colonisation. À cet effet, le père Irénée Lafitte (1837-1901) exprimait son espoir de voir la France s'emparer de Porto-Novo[112]. Car, avec la France le christianisme s'implanterait fortement dans le pays et avec le christianisme, la civilisation[113]. Les choses semblaient alors confirmer l'opinion selon laquelle la colonisation

---

[108] C. PRUDHOMME, *Missions chrétiennes et colonisation*, p. 68.

[109] C. PRUDHOMME, *Missions chrétiennes et colonisation*, p. 68.

[110] A. QUENUM, *Les Églises chrétiennes et la traite atlantique*, p. 277.

[111] A. QUENUM, *Les Églises chrétiennes et la traite atlantique*, p. 277.

[112] Porto Novo est une ville située au sud-est de l'actuel Bénin.

[113] A. QUENUM, *Les Églises chrétiennes et la traite atlantique*, p. 278.

devrait faire avancer les œuvres missionnaires et apporter à l'Afrique les avantages de la civilisation européenne. « Aux yeux de l'Europe colonisatrice, les Africains étaient des "sauvages" qu'il fallait civiliser, "des fils maudits de Chain" qu'on devait sauver, "de grands enfants" à éduquer »[114]. Le monarque français Louis-Philippe ne manquera pas de dire en 1839, dans le contexte de l'émancipation des esclaves dans les colonies, que « l'œuvre de la suppression de l'esclavage, si longtemps et si vainement réclamée jusqu'ici, est enfin sur le point de s'accomplir ; mais la liberté ne serait qu'un funeste présent pour cette population noire de 300 000 âmes répandues dans nos colonies, si la lumière de la religion ne leur apprenait pas à en régler l'usage »[115]. Le christianisme n'apportait donc pas seulement l'Évangile du Christ. Mieux, « la prédication chrétienne ne rend pas seulement le païen participant des bienfaits apportés par le salut du Christ [...], mais elle en fait un être civilisé. La civilisation suit les traces de la Croix »[116]. Cette affirmation d'un ecclésiastique de l'Église épiscopalienne confirme encore la thèse selon laquelle dans la plupart des territoires de l'Afrique subsaharienne, la complicité assez forte entre mission évangélisatrice et colonisation civilisatrice ne saurait être niée. D'ailleurs, au XIXe siècle, « l'occupation coloniale étant acceptée comme inévitable et bénéfique pour l'Afrique, quelques missionnaires coopérèrent avec leurs compatriotes colons afin de consolider l'occupation de "leur" territoire par leur mère patrie »[117]. Dans la France républicaine de l'époque, les congrégations catholiques françaises avaient des liens très forts avec les ministères des Colonies et des Affaires

[114] J. BAUR, *2000 ans de Christianisme en Afrique*, p. 457.

[115] C. PRUDHOMME, *Missions chrétiennes et colonisation*, p. 100.

[116] David REIMERS, cité par A. QUENUM, *Les Églises chrétiennes et la traite atlantique*, p. 280.

[117] J. BAUR, *2000 ans de Christianisme en Afrique*, p. 456.

étrangères. En Italie, les congrégations avaient aussi une relation cordiale avec l'État, malgré le conflit créé par la question romaine[118]. « La colonisation est interprétée par la majorité des missionnaires comme une chance à saisir afin de hâter la venue du Royaume de Dieu »[119].

En somme, colonisation et christianisation ne sont pas loin l'une de l'autre. Elles semblent revêtir les deux facettes de la même réalité. Le christianisme domine sur les consciences et le colonialisme, sur les personnes. La solidarité entre colon et missionnaire semble si évidente que parfois, il est difficile de les distinguer. À cet effet, Welbourn, dans son article « Missionary stimulus and african responses », paru dans *Colonialism* en 1971, dit ceci : « aux yeux de l'Africain, il existait une proche identité entre les missionnaires et les autres hommes blancs et une ressemblance étroite dans les attitudes fondamentales qui rendait cette confusion objectivement possible » [120]. Cependant, bien que les missionnaires aient collaboré avec les colons, ou même, bien qu'ils aient eu des idées et pratiques colonialistes, il faut reconnaître tout de même que la pratique coloniale a suscité aussi des critiques de la part de certains missionnaires en ce qui concerne les méthodes et les traitements vis-à-vis des Africains[121]. Toutefois, l'expansion coloniale n'avait jamais été remise en question. Elle restait une loi de l'histoire contre laquelle il est vain de lutter[122]. Alors, « plutôt que de naviguer à contre-courant,

---

[118] C. PRUDHOMME, « Mission, colonisation, décolonisation », p. 68.

[119] C. PRUDHOMME, « Mission, colonisation, décolonisation », p. 93.

[120] Welbourn cité par J. BAUR, *2000 ans de Christianisme en Afrique*, p. 458.

[121] Au Togo, un conflit entre colons et missionnaires se solda avec le départ de certains colons et missionnaires du Togo. Cf. J. K. ADJA, *Evangélisation et colonisation au Togo*, pp. 70-98.

[122] C. PRUDHOMME, *Missions chrétiennes et colonisation*, p. 80.

les missionnaires préfèrent tirer parti de l'expansion européenne pour obtenir des métropoles la sécurité, la liberté de prédication et une assistance matérielle et financière. En outre, l'adhésion à l'idée coloniale est une manière de prouver à la métropole le patriotisme des chrétiens engagés dans la mission »[123].

Du côté des pouvoirs coloniaux, il y avait aussi intérêt à obtenir l'appui des missionnaires car ceux-ci étaient d'une aide précieuse pour les colonisateurs dans leurs relations avec les peuples assujettis. Peu à peu, les frontières missionnaires et les délimitations politiques des territoires finissent par coïncider. Et de là, vont se faire sentir les différends entre les métropoles. Certains États vont même exiger que les missionnaires soient issus du pays colonisateur. À Madagascar, les missionnaires protestants britanniques ont été obligés, en 1895, de quitter la grande île à la suite de sa conquête par la France[124]. Les missions des Britanniques ont été remplacées, par la suite, par les missions protestantes françaises (Mission de Paris)[125]. Dans les colonies allemandes, surtout le Cameroun et le Togo, les missionnaires étrangers étaient écartés au profit des missionnaires allemands[126]. La situation inverse s'était produite à la fin de la Première Guerre mondiale : l'administration coloniale française au Togo refusa toute tentative de retour des missionnaires allemands. À travers ces événements, on voit donc se dessiner l'influence du politique sur le religieux dans les pays colonisés. Et il ne serait peut-être pas faux de parler d'une nationalisation des missions devant laquelle la *Propaganda Fide* semblait démunie.

---

[123] C. PRUDHOMME, *Missions chrétiennes et colonisation*, p. 80.

[124] C. PRUDHOMME, *Missions chrétiennes et colonisation*, p. 82.

[125] C. PRUDHOMME, *Missions chrétiennes et colonisation*, p. 82.

[126] C. PRUDHOMME, *Missions chrétiennes et colonisation*, pp. 82-83.

Des idées missionnaires et coloniales

Lors de la première période de colonisation (XVe-XVIIIe siècle), la mission chrétienne était une partie intégrante, voire indispensable, des expéditions ; et celles-ci nécessitaient même l'accord du pape. Mais pendant la deuxième période de l'expansion européenne (XIXe-XXe siècle), l'émancipation des nations vis-à-vis du Saint-Siège et la fraction du christianisme en catholiques et protestants, faisaient que la colonisation et la christianisation étaient devenues plutôt des collaboratrices. Comme on l'a développé dans le point précédent, surtout au cours de cette deuxième période de colonisation, la relation entre mission chrétienne et impérialisme colonial restait beaucoup plus forte, même si c'étaient désormais deux entités différentes. Cette relation assez forte avait marqué de son empreinte la présence européenne sur le continent africain. Cependant la mission a-t-elle toujours gardé cette marque de connivence avec la colonisation ?

S'il est vrai qu'avec la création de la *Propaganda Fide*, l'Église affirmait son indépendance vis-à-vis des pouvoirs politiques, avait-elle les moyens de sa politique missionnaire ? Si l'objectif est de retirer à l'autorité politique le contrôle sur les missions pour établir l'autorité directe et exclusive de Rome sur elles et pour mieux les organiser, l'Église n'avait pas pour autant renoncé à la protection et à l'aide du pouvoir politique[127]. Pendant l'expansion européenne du XIXe siècle, les missionnaires ne se mêlaient plus à la quête des épices, de l'or ou des esclaves, mais ils ont plutôt côtoyé la réalité de la révolution industrielle qui mettait en avant les intérêts financiers et économiques d'un capitalisme en train de devenir mondial[128]. Au cours de cette même période, il faut noter

[127] C. PRUDHOMME, *Missions chrétiennes et colonisation*, p. 96.
[128] C. PRUDHOMME, *Missions chrétiennes et colonisation*, p. 97.

aussi que l'Église devenait de plus en plus sensible aux grandes questions politiques et sociales. Cela pourrait pousser à penser qu'allaient surgir de nouveau des débats sur la question coloniale. Mais en fait, ce qui importait le plus était de savoir la meilleure manière de coloniser et de mettre la colonisation au service de la mission[129]. C'est ainsi qu'« au plus fort de l'impérialisme colonial, la pensée chrétienne se caractérise même par l'absence d'une réflexion de fond que symbolisent les silences du discours pontifical »[130]. Le pape Léon XIII (1878-1903), dont le pontificat se situait dans une période qui avait connu un grand développement des missions hors de l'Europe, avait multiplié des interventions sur les problèmes de son temps. Mais il n'a consacré aucune encyclique à la question coloniale[131]. Par ailleurs, selon le pape, le Christ est l'unique voie qui mène au salut et il est l'indispensable fondement de toute civilisation. C'est dans le même sens que dans sa bulle *Inscrutabili Dei Consilio*, du 21 avril 1878, le pape Léon XIII affirmait que l'Église est « nourrice, maîtresse et mère de civilisation ». Cette affirmation légitimait l'action civilisatrice missionnaire, qui unit christianisation et éducation[132] (civilisation). La légitimité de la domination coloniale étant donc un acquis, « la réflexion du XIXe siècle allait se concentrer [plutôt] sur les moyens de christianiser les sociétés en contexte colonial »[133]. Christianisation et colonisation ont alors un objectif commun : civiliser. Civilisant, l'évangélisation et la colonisation ont aussi bouleversé les cultures. L'évangélisation a été, dans ce cadre, une « colonisation de

[129] C. PRUDHOMME, *Missions chrétiennes et colonisation*, p. 97.

[130] C. PRUDHOMME, *Missions chrétiennes et colonisation*, p. 97.

[131] C. PRUDHOMME, *Missions chrétiennes et colonisation*, p. 97.

[132] Claude PRUDHOMME, *Stratégie missionnaire du Saint-Siège sous Léon XIII (1878-1903) : centralisation romaine et défis culturels*, Rome, École française de Rome, 1994, p. 377.

[133] C. PRUDHOMME, *Missions chrétiennes et colonisation*, p. 99.

l'homme » ; c'est-à-dire une opération de transformation des corps et des esprits. Il s'est introduit chez les colonisés de nouvelles formes d'instruction, de nouveaux rituels, de nouveaux modes de représentation du monde, de la société et du pouvoir, une nouvelle notion de la famille, du mariage et de la sexualité, la notion centrale du péché[134].

Il faut rappeler également qu'au cours de cette période, la mission était aussi fille de son temps. Elle est donc marquée par la conception du progrès et du triomphe de la raison. Ainsi donc, pour être civilisatrice, la mission devait non seulement annoncer l'Évangile, mais promouvoir aussi le progrès social à travers l'éducation et le travail. Apparaît alors le paradigme du « missionnaire éducateur et soignant » au détriment du prédicateur armé seulement de la croix et de la Bible. La mission doit désormais être pensée et organisée. Le père François Libermann, de la congrégation du Saint-Esprit, l'exprime bien par ces propos : « pour réussir, il ne nous suffit certainement pas d'aller au hasard avec la pensée générale de convertir les infidèles. Il faut nous proposer dès l'origine un résultat plus sérieux [...]. Pour obtenir un résultat stable, il faut une pensée d'avenir présidant aux projets »[135].

À travers les congrégations missionnaires, l'Église catholique va jouer donc un grand rôle dans ce domaine qui lie désormais mission et civilisation : multiplication des œuvres scolaires, sanitaires et sociales ; programme de construction et de l'autofinancement. L'action missionnaire devint donc non seulement évangélisatrice, mais aussi une action économique et un cadre social et intégral par le fait qu'elle concernait l'homme et tout homme[136]. L'Église

---

[134] C. de CASTELNAU-L'ESTOILE, « Des sociétés coloniales catholiques en Amérique ibérique », p. 29.

[135] C. PRUDHOMME, *Missions chrétiennes et colonisation*, p. 100.

[136] C. PRUDHOMME, *Missions chrétiennes et colonisation*, pp. 101-102.

s'est mise, de ce fait, dans l'optique qu'il n'y a pas de civilisation sans foi. Toutefois, même si la majorité des missionnaires était animée d'un sentiment patriotique, la montée des aspirations à l'émancipation des populations colonisées allait inciter les missions à marquer leur différence. « S'il est vrai qu'au commencement du processus, "chaque station missionnaire fut une tentative de colonisation" [...], alors il est aussi vrai qu'à la fin "chaque école de mission fut une étape vers l'indépendance" »[137].

Peu à peu, les objectifs respectifs allaient distancier un peu le missionnaire et le colon. Car, « la quête de puissance politique et de rentabilité économique qui caractérise la colonisation s'accorde mal avec la mission qui vise la construction d'Églises autochtones et la christianisation de la société »[138]. À partir de ce point, la mission et la colonisation vont connaître des dénouements différents et entreront même en concurrence. Si l'école était pour le colonisateur le moyen de se procurer des auxiliaires pour l'administration coloniale, elle était pour le missionnaire l'occasion de préparer la société chrétienne de l'avenir ; non seulement en formant des catéchistes, des instituteurs, des cadres, mais aussi des pasteurs et des prêtres pour une Église locale dont l'urgence se faisait déjà sentir. Commence alors une lente déconnexion entre le missionnaire, qui se présente souvent comme le protecteur des populations, et le colonisateur, qui est vu comme le bourreau. Au Congo, par exemple, la population faisait une nette différence entre le Blanc de Dieu, le Blanc de l'État, et le Blanc du commerce[139].

---

[137] J. BAUR, *2000 ans de Christianisme en Afrique*, p. 461.

[138] C. PRUDHOMME, « Mission, colonisation, décolonisation », pp. 69-70.

[139] C. PRUDHOMME, « Mission, colonisation, décolonisation », pp. 69-70.

Bien que l'on reconnaisse le lien entre christianisation et colonisation, les excès d'autorité du missionnaire étaient plus tolérés que les abus des colonisateurs. Cela pourrait expliquer aux yeux de l'historien, pourquoi le missionnaire est, d'une certaine manière, moins coupable que le colonisateur. Les colonies vont disparaître, mais les missions chrétiennes vont subsister ; puisqu'elles vont se poursuivre plus tard avec les Africains eux-mêmes, devenus chrétiens. Selon l'historien Claude Prudhomme, quatre raisons fondamentales vont signer la séparation entre mission et colonisation.

- La divergence des finalités : l'État offre à l'Église sa protection, ses moyens, et son argent parce qu'il estime que le christianisme est le fondement le plus efficace de la morale et l'instrument le moins onéreux pour assurer progrès et ordre social dans les colonies ; or, pour l'Église, ce qui était plus important est l'annonce du salut chrétien et l'implantation des Églises locales.
- Le colonisateur cherche à inculquer sa culture aux colonisés, alors que le missionnaire à partir de sa culture, annonce l'Évangile qui exige de manière structurelle de tenir compte de ceux à qui l'Évangile est annoncé. Tandis que le colonisateur veut promouvoir sa langue, le missionnaire fait des traductions des prières chrétiennes et des Écritures dans les langues locales.
- L'impératif d'une Église indigène : la mission est soumise à l'obligation de réussir l'édification d'une Église indigène, de donner naissance à une Église autochtone. Or le colonisateur veut garder une certaine domination sur les colonisés.
- La construction d'une société chrétienne qui transcende la colonisation : tandis que la colonisation se préoccupait de tirer des colonies des produits, des impôts et des hommes, surtout pour la guerre, les missions chrétiennes cherchaient plutôt à développer la société, à multiplier les œuvres et les

associations, à assurer la formation des hommes et à changer les mœurs[140].

La colonisation et la christianisation se sont présentées en Afrique comme les deux faces de la même médaille. Mais progressivement, cette connivence s'est amoindrie pour laisser apparaître la spécificité de chaque entité. Ces deux entités vont même entrer en contradiction l'une avec l'autre. Il s'est donc avéré que la mission évangélisatrice ne pouvait pas se conformer totalement aux visées impérialistes de la colonisation occidentale. Cependant, comment cela s'est-il manifesté dans le cadre particulier du Togoland ? L'histoire du Togoland n'est pas une histoire à part. Elle s'inscrit dans cette longue histoire universelle du monde et dans l'histoire de l'Église. Comment cette histoire s'est-elle réalisée au Togoland ?

Le contexte particulier du Togoland

La constitution de l'empire colonial allemand en Afrique

Avant la seconde moitié du XIXe siècle, l'Empire allemand était préoccupé par des questions européennes : unité des États allemands, consolidation de l'empire, rapports avec les autres pays européens, conflit avec la France à propos de l'Alsace-Lorraine. Parmi les principaux explorateurs qui sillonnaient l'Afrique à l'époque, il y avait aussi des Allemands. Quelques-uns méritent d'être mentionnés : Friedrich Gerhard Rohlfs (1831-1896), ancien lieutenant de l'armée prussienne ; il explora l'Afrique du Nord, le Sahara et l'Éthiopie. Gustav Nachtigal (1834-1885) sillonna le Sahara, le Tchad et le Soudan. Heinrich Barth (1821-1865) parcourut le Sahara et le Sahel. Erwin von Bary fut au sud de la Libye. Le botaniste et ethnologue

---

[140] C. PRUDHOMME, *Missions chrétiennes et colonisation*, pp. 121-130.

Georges Schweinfurth (1836-1925) fit des voyages scientifiques à travers l'Afrique orientale, le Soudan, Khartoum, Libye, Érythrée[141].

Lorsque l'Angleterre, la France, la Hollande, la Belgique se précipitaient pour s'octroyer un territoire sur le continent africain, l'Empire allemand n'avait pas voulu, dans un premier temps, se lancer dans cette course aux colonies. Le chancelier allemand Otto von Bismarck (1815-1898) avait alors fait tout ce qui était en son pouvoir pour empêcher d'engager l'empire dans ce mouvement de conquête coloniale : « nous autres Allemands n'avons pas besoin de colonies »[142], disait-il. Le désir des voyageurs, des commerçants et des explorateurs allemands de voir leur pays se tailler une portion de terre en Afrique était alors appesantis de frustrations. La réaction d'un journaliste, rapportée par l'historien français Bernard Lugan dans son livre sur l'Afrique, exprime bien cette frustration : « il s'agit de savoir si l'Allemagne va se décider à faire autre chose en Afrique que d'y envoyer des missions scientifiques et d'y semer les ossements de ses explorateurs »[143]. Pour Bismarck, trois raisons justifiaient sa décision de ne pas engager l'empire dans la course aux colonies. Selon lui, la constitution d'un empire colonial allemand en Afrique :

- affaiblira l'Allemagne en détournant vers l'Afrique une partie des énergies nationales à un moment où le *Reich* avait besoin de ses fils ;
- engloutira les ressources de l'État, et même des particuliers, dans une entreprise dont le futur reste douteux ;

[141] B. LUGAN, *Histoire de l'Afrique*, p. 610.
[142] B. LUGAN, *Histoire de l'Afrique*, p. 611.
[143] B. LUGAN, *Histoire de l'Afrique*, p. 611.

- risquera de créer des conflits diplomatiques avec la France et l'Angleterre qui considéraient déjà l'Afrique comme leur domaine privilégié[144].

Pour exprimer avec encore plus de force qu'en aucun cas l'Empire allemand ne s'engagera jamais dans la course aux colonies, Bismarck définit une certaine ligne de conduite qui a fait école pendant une bonne décennie :
- le gouvernement allemand n'a pas pour objectif d'ériger son drapeau sur des territoires dispersés et indéfendables ;
- le gouvernement allemand ne nourrit donc aucune ambition territoriale coloniale, même si des Allemands se trouvent engagés dans les activités commerciales au niveau du continent africain ;
- l'objectif du gouvernement impérial n'est donc que d'ordre commercial[145].

Contre la politique de Bismarck, va se dresser une forte opposition. En effet, les milieux économiques allemands critiquaient fortement cette politique en voyant que leur pays investissait « inutilement » ailleurs que là où il devrait investir. Selon eux, « l'Allemagne perdait de sa substance par l'émigration et par les investissements qui se faisaient ailleurs que dans des territoires allemands »[146]. En face des événements qui vont secouer l'empire dans la seconde moitié du XIXe siècle[147] et sous l'impulsion des groupes de

---

[144] B. LUGAN, *Histoire de l'Afrique*, p. 612.

[145] B. LUGAN, *Histoire de l'Afrique*, p. 612.

[146] B. LUGAN, *Histoire de l'Afrique*, p. 613.

[147] Il s'agit du problème de l'émigration, de la marine, et de la question du prestige du *Reich*. En effet, entre 1819-1885, environ 3 500 000 Allemands avaient quitté leur pays sans espoir de revenir. Les groupes de pression coloniaux militaient pour que ces groupes soient orientés vers des colonies. En outre, l'Allemagne s'était aussi engagée dans un grand projet maritime, destiné à garantir la liberté commerciale sur toutes les mers de la terre. Mais pour la réalisation de ce projet, elle se rendit compte de la nécessité de disposer des points d'appui sûrs : posséder des colonies devenaient une nécessité. Enfin il

pression coloniale, Bismarck est contraint de définir une autre politique et d'accepter la réalité de la conquête coloniale. Toutefois, il affirma que « la constitution d'un empire colonial n'était pas un but, une fin en soi, mais simplement un moyen de soutenir et d'aider le commerce de l'Allemagne »[148]. C'est ainsi que l'Empire allemand se lança, lui aussi, dans la course aux trésors pour s'acquérir une place sous le ciel de l'Afrique, où la France et l'Angleterre l'avaient depuis longtemps déjà précédée. L'année 1884 va marquer l'arrivée officielle de l'Empire allemand sur le continent africain. L'Empire allemand en Afrique a commencé avec des accords de protectorat sur les territoires où des Allemands avaient déjà des activités commerciales. Les principaux protectorats allemands furent le sud-ouest africain (Namibie), la partie orientale de l'Afrique (Tanzanie, Rwanda, Burundi), le Cameroun et le Togo.

Le sud-ouest africain a été une région occupée par l'Allemagne ; il s'étendait entre l'Angola au nord (colonie portugaise) et le Cap au sud (colonie britannique). Cette région constitue aujourd'hui l'actuelle Namibie. À la suite du négociant brêmois Franz Lüderitz (1834-1886), qui avait un comptoir sur les côtes d'Angra Pequena[149], le gouvernement allemand signa un traité de protectorat avec le chef de la localité le 24 avril 1884. À partir de l'année suivante (1885), la domination allemande s'est étendue sur les localités environnantes. L'Empire allemand eut du mal à s'imposer dans certaines régions. Mais fort de son armée, l'empire a pu assujettir les localités qui lui étaient hostiles,

---

s'agit d'une question d'honneur : défendre et protéger ses ressortissants dans des lieux où se note l'absence des autorités européennes. Fallait-il laisser les commerçants et explorateurs allemands se faire massacrer sans intervenir ? Cf. B. LUGAN, *Histoire de l'Afrique*, p. 613.

[148] B. LUGAN, *Histoire de l'Afrique*, p. 613.

[149] Paquena est l'actuelle ville de Lüderitz en Namibie.

notamment le territoire des Hereros[150], et installer une administration coloniale dans les régions conquises. À la veille de la Première Guerre mondiale, ce territoire du sud-ouest africain était le seul territoire sur lequel se trouvait un véritable peuplement allemand. Les missions protestantes et catholiques y étaient bien présentes avec des activités évangélisatrices, éducatives et sanitaires importantes[151].

Dans la partie orientale de l'Afrique, la présence des Allemands date de 1844. La firme Hertz s'y était installée pour le commerce des coquillages cauris[152]. L'est africain allemand, après des hostilités avec le sultan de Zanzibar, a été délimité à partir du 1er novembre 1886. Ce territoire se limitait au nord par l'embouchure de la Wanga, au sud par le fleuve Rovuma. Les lacs Tanganyika, Nyassa et Victoria constituaient aussi les limites naturelles. L'Empire allemand y plante une forte administration. Ce territoire était aussi un lieu stratégique par la présence de ces lacs et de l'océan Indien. La capitale était fixée à Dar-es-Salam[153].

Dans la partie centrale de l'Afrique, les Allemands se sont installés aussi au Cameroun. Ce territoire s'étendait du golfe de Guinée au lac Tchad. Il était entouré par le Nigeria (colonie britannique), le Soudan français, et le Congo français. Dans cette région, la présence allemande date de 1848 avec un commerçant nommé Johannes Thormalen, qui représentait la maison des Woermann de Hambourg. Cependant, il a fallu attendre juillet 1884 pour que l'Empire allemand s'y fixe officiellement. Une forte administration a été installée à Douala, noyau du futur Cameroun. Les Allemands y ont développé d'importantes activités

---

150 Les Hereros sont un peuple bantu de la région de l'Afrique australe. Ils se retrouvent en Namibie, à Botswana et en Angola.

151 B. LUGAN, *Histoire de l'Afrique*, pp. 626-630.

152 A l'époque, les coquillages cauris servaient de monnaie dans la partie de l'Afrique orientale et centrale. B. LUGAN, *Histoire de l'Afrique*, p. 630.

153 B. LUGAN, *Histoire de l'Afrique*, pp. 630-633.

économiques et commerciales, avec des projets de routes et de voies ferrées. Cette colonie allemande était en plein essor quand éclata la Première Guerre mondiale[154].

Dans la partie occidentale du continent, l'Empire allemand s'était taillé un territoire qui semblait un *no man's land* entre la Gold Coast (colonie britannique) à l'ouest et le Dahomey (colonie française) à l'est. Ce territoire, qui se nommait Togoland ou Togo allemand, est l'objet du point suivant.

Le Togoland : un protectorat allemand

Le Togoland a été un pur produit du protectorat allemand. En effet, avant le XIXe siècle, le territoire de la future colonie allemande faisait partie de la fameuse côte des Esclaves[155]. Il se situait *grosso modo* entre le fleuve Volta à l'ouest et le Mono à l'est ; soit entre le royaume Ashanti (dans l'actuel Ghana) et le royaume du Dahomey (dans l'actuel Bénin). Bien avant les Allemands, il est vraisemblable que ce soient les Portugais João de Santarem et Pero de Escobar qui, les premiers, aient longé, entre 1471 et 1473, les 50 km de côte de l'actuel Togo[156]. Toutefois, selon les recherches du père italien Robert Pazzi, le littoral de l'aire Ajatado a été découvert par des Portugais en 1472. Du fait que cette région ne présentait pas d'importants attraits commerciaux par rapport aux richesses qu'offrait la Gold Coast (actuel Ghana) telles que l'or et les épices, il y avait un manque d'intérêt des Européens pour cette région

---

[154] B. LUGAN, *Histoire de l'Afrique*, pp. 621-624.

[155] La côte des Esclaves se situait dans le golfe de Guinée. Elle couvrait entre le XVIIIe et XIXe siècle un territoire qui s'étendait de l'embouchure de la Volta à l'ouest (Ghana) jusqu'au delta du Niger à l'est (Nigeria). Cf. N. GAYIBOR (éd.), *Histoire des Togolais.* Tome 2, p. 12.

[156] Robert CORNEVIN, *Histoire du Togo*, Paris, Berger-Levrault, 1959, p. 119.

pendant les XVᵉ et XVIᵉ siècles[157]. Mais le contexte du XIXᵉ siècle changea tout. En effet, l'Europe en pleine expansion cherchait des débouchés. En 1868, la maison Régis et Fabre de Marseille installe des comptoirs à Petit-Popo (l'actuelle ville d'Anécho) et à Porto Séguro (actuelle ville d'Agbodrafo). Quelques années plus tard (1876) arrivent aussi des commerçants allemands, en particulier de la maison Vietor de Brême. Ils s'installent dans plusieurs grands villages de la côte, plus précisément à Petit-Popo et Akousse sur la Basse-Volta[158]. Lomé, à cette époque, était un entrepôt d'huile de palme et une plaque tournante de contrebande d'alcool avec la Gold Coast[159].

Ce futur territoire colonial allemand était aussi convoité par l'Angleterre et la France. Leurs ressortissants y étaient déjà présents avec leurs activités commerciales. Mais les commerçants allemands, depuis 1874, demandaient la protection du gouvernement allemand, vu que cette région était fortement menacée par les Anglais qui voulaient l'annexer. Entre-temps, en août 1881, les chefs de Grand-Popo, Agoué, Petit-Popo, Agbanakin et Porto Séguro avaient adressé des lettres au gouvernement français, sollicitant sa protection. Environ deux ans plus tard, le 19 juillet 1883, la France répond favorablement à leur demande[160]. Cela provoqua une contestation de la part des commerçants allemands qui ne cessaient de faire pression sur leur gouvernement afin que celui-ci conquière ce territoire. En fin de compte, cette partie de l'Afrique occidentale reviendra aux Allemands. Trois raisons fondamentales avaient milité en faveur de l'Empire allemand : les maladresses du fonctionnaire anglais

[157] N. GAYIBOR (éd.), *Histoire des Togolais.* Tome 2, p. 14.

[158] R. CORNEVIN, *Histoire du Togo*, p. 131.

[159] Christian ROCHE, *L'Afrique noire et la France au XIXᵉ siècle. Conquêtes et résistances*, Paris, Karthala, 2011, pp. 168-169.

[160] C. ROCHE, *L'Afrique noire et la France*, p. 169.

Firminger de Kéta (Gold Coast), les efforts vains des Français sur la côte, surtout à Porto Séguro, et les activités pro-anglaises de William Lawson à Aného.

Firminger était le *District Commissioner* de Kéta. Il semblait être un douanier tatillon pour qui les activités commerciales allemandes étaient mal vues[161]. Étant donné que Lomé était un point important pour lui, il étendait sa surveillance de plus en plus vers l'est. Voyant qu'il entrerait en « collision » avec les commençants allemands, il leur proposa la protection britannique. Evidemment, ceux-ci refusèrent. Alors Firminger planifia la conquête de la région pour l'annexer à la Gold Coast. Malheureusement son projet secret a été découvert. Et du fait que les habitants de la région étaient aussi peu enclins au système douanier anglais, ils ont préféré se mettre plutôt sous la protection allemande[162].

À Petit-Popo et à Porto Séguro, étaient présents des commerçants français. Le chef Mensah de Porto Séguro s'était déjà engagé avec eux. Mais plus tard, les Français vont devoir abandonner la région et reconnaître le protectorat allemand[163].

À la suite de l'implantation des entreprises allemandes de Brême et de Hambourg, les activités commerciales se développaient dans la région du Petit-Popo de manière satisfaisante. Cela avait poussé les Allemands à conclure avec les chefs locaux un accord (1882) selon lequel ils (les Allemands) étaient libres d'exercer leurs activités commerciales dans la région, moyennant une prestation qu'ils accordaient aux chefs locaux. En 1883, G. Lawson, le substitut du roi de Glidji, mourut. Il a été remplacé par

---

[161] R. CORNEVIN, *Histoire du Togo*, p. 132.

[162] Schuerkens De ULRIKE, *Du Togo allemand aux Togo et Ghana indépendants : Changement social sous régime colonial*, Paris, L'Harmattan, 2001, p. 31.

[163] R. CORNEVIN, *Histoire du Togo*, p. 135.

William Lawson. Estimant que le montant du prélèvement des impôts était trop médiocre, celui-ci a voulu s'allier aux Anglais présents à Lagos (Nigeria). De cette manière, il éliminait l'accord précédent conclu avec les Allemands. Or, cela compromettait les activités commerciales allemandes. Sa manœuvre ne réussit donc pas. Cela provoqua des conflits. Pour calmer la situation, les chefs de la région instaurèrent une régence en confiant le trône à son cousin G. A. Lawson. Destitué, William se soumit. Toutefois, il parvient à obtenir le poste de « Premier ministre »[164]. Mais la situation se complique encore plus tard. Un sentiment anti-allemand se développa. La sécurité des Allemands, des chefs et des notables locaux devient alors problématique. Grâce au secours de l'armée allemande présente sur *La Sophia*[165], l'accord antérieur fut rétabli[166]. À la suite de ces événements, les chefs et notables locaux adressent à l'empereur allemand Guillaume II une lettre dans laquelle ils le remercient pour l'aide au maintien de l'ordre et de la paix dans le pays, et demandent sa protection[167]. Après ces

---

[164] R. CORNEVIN, *Histoire du Togo*, p. 132.

[165] *La Sophia* est une canonnière allemande qui croisait au large de Petit-Popo.

[166] S. De ULRIKE, *Du Togo allemand aux Togo et Ghana indépendants*, p. 31.

[167] Voici l'intégralité de cette lettre : « *Requête des chefs et notables, spontanément orientée par l'agent consulaire allemand Reinhardt, adressée à l'empereur d'Allemagne, Guillaume II*

Nous, soussignés, rois et chefs de Petit-Popo et Glidji remercions vivement Votre Majesté pour l'aide qu'elle nous a apportée pour le maintien de l'ordre et de la paix dans le pays. Il n'y aura ici ni danger, ni troubles si le gouvernement anglais veut bien s'abstenir de se mêler de nos affaires, car il veut s'approprier notre terre et nous ne voulons pas la lui céder. Nous prions Votre Majesté de nous protéger et d'empêcher l'annexion. Nous demandons l'aide de Votre Majesté, sous la protection de laquelle nous nous plaçons entièrement. Nous vous prions d'intervenir d'urgence. Signé : Roi Aiaouschi Aghanor de Petit-Popo et Glidji Cabecère Kouadjovi, Pédro Kouadjo ». R. CORNEVIN, *Histoire du Togo*, p. 133.

événements, et surtout à travers la pression des marins et commerçants allemands, le gouvernement impérial finit par se décider d'y envoyer un représentant pour signer un accord de protectorat[168].

Ainsi pour la première fois, le 5 juillet 1884, le drapeau allemand fut hissé sur Baguida, une petite localité située sur la côte[169]. C'est le fruit d'un traité de protectorat signé entre le roi Mlapa III de Togoville (représenté par son notable) et l'Empire allemand (représenté par le commissaire impérial Gustav Nachtigal). Pour la première fois, le nom « Togo » apparaissait dans un document de l'histoire. Mais Togoville n'était encore qu'une petite localité, noyau de ce qui deviendra la colonie allemande en Afrique occidentale. Le territoire de cette colonie a été délimité à la suite des conquêtes de l'arrière-pays et des accords avec les Anglais et les Français. L'Angleterre et la France reconnaissent le protectorat allemand sur le territoire qui sépare désormais leur colonie respective. À l'aube du XXe siècle, les frontières du Togoland ont été stabilisées. Désormais le nom du *Schutzgebiet* Togo figure dans les documents de la diplomatie internationale. Enclavée entre le Dahomey et la Gold Coast, la colonie allemande de l'Afrique de l'Ouest avait une superficie d'environ 90 000 km^2 ; et elle était communément reconnue sous le nom de Togoland[170].

Au début de son épopée coloniale, l'Empire allemand était inquiet au sujet de la gestion financière des colonies. Mais il s'était révélé que les efforts des colons ont été couronnés de succès. En 1906, à travers l'exploitation et l'exportation des palmistes et de l'huile de palme, les Allemands ont réussi à équilibrer leur budget dans la colonie togolaise. Le Togoland a été appelé pour cela la

---

[168] R. CORNEVIN, *Histoire du Togo*, pp 133-134.

[169] J. K. ADJA, *Evangélisation et colonisation au Togo*, p. 17.

[170] Têtêvi Godwin TETE-ADJALOGO, *De la Colonisation allemande au Deutsche-Togobund*, Paris, L'Harmattan, 1998, p. 11.

Musterkolonie (la colonie modèle). Mais cette *Musterkolonie*, toujours convoitée par ses voisins, leur a été ravie à l'issue de la Première Guerre mondiale (1914-1918). Les Allemands, vaincus par les Alliés, furent expulsés du Togoland. Le pays a été, pour sa part, partagé entre les Français et les Anglais. Dans ce partage, meurt définitivement le Togoland. La partie qui a été confiée à la France, d'abord sous le mandat de Société des Nations (SDN), puis sous la tutelle de l'Organisation des Nations Unies (ONU), constitue de nos jours la République togolaise ou le Togo.

L'actuelle République du Togo est une conséquence de la Première Guerre mondiale. Créé à partir du Togoland, le Togo, après la tutelle française, est devenu un pays indépendant depuis le 27 avril 1960. Il s'étend désormais sur une superficie de 56 790 km^2. Le Togo a aujourd'hui une population d'environ 7,3 millions d'habitants[171]. Sa capitale est fixée à Lomé. Si le Togo actuel n'est plus qu'un petit rectangle au cœur de l'Afrique occidentale, comment s'est effectuée sa première évangélisation ?

Conclusion

Avec les grandes découvertes des Temps modernes, les Européens s'étaient lancés à la conquête du monde. À la recherche de la route vers les Indes, le Portugal avait installé des comptoirs sur les côtes africaines où se développèrent d'importantes activités commerciales et missionnaires. À la suite du Portugal, d'autres pays européens se sont aussi intéressés à l'Afrique. Jusqu'au XIXe siècle, la traite négrière était l'essentiel du commerce avec l'Afrique. À la suite de l'abolition de l'esclavage (1848), un autre rapport s'établit avec l'Afrique. Le « commerce » ayant évolué vers

---

[171] https://www.jeuneafrique.com/pays/togo/population/, consulté le 29/01/2020.

l'acquisition des matières premières dont l'Europe avait besoin, il s'agissait maintenant de conquérir et de coloniser les terres africaines. Afin de mieux organiser la conquête de l'Afrique, il y eut une importante conférence internationale entre la fin de l'année 1884 et le début de l'année 1885. Cette conférence a eu lieu à Berlin en Allemagne, un des derniers pays à se lancer dans la conquête coloniale. Les raisons de l'ambition coloniale sont essentiellement économiques et commerciales. Mais à celles-ci s'ajoutent des raisons religieuses. Ainsi la colonisation et la christianisation se rencontrent à la même période, sur le même continent africain. Colonisation et christianisation semblent devenir les deux facettes de la même réalité. Toutefois, la distinction entre colon et missionnaire s'est fait sentir par la suite, car ils n'avaient pas les mêmes objectifs. Et cela avait marqué aussi les relations entre ces deux entités. Dans le cas particulier du Togoland, colonisation et christianisation avaient marqué le sort de ce territoire. Si nous savons comment ce territoire est passé sous la domination allemande, comment a-t-il alors connu le christianisme ?

Deuxieme partie

La première évangélisation du Togoland (1892-1918)

Dans la plupart des pays africains qui ont connu la colonisation à partir du XVIIIe siècle, l'évangélisation arrive souvent quelque temps après, à la suite des explorateurs et commerçants européens. Dans la partie occidentale de l'Afrique, des aumôniers furent envoyés non seulement à cause des Européens qui s'y trouvaient, mais aussi pour évangéliser les populations. Autour des forts en Gold Coast, on note des activités missionnaires. Cette entreprise est surtout l'œuvre des protestants sans oublier que des missionnaires catholiques parcouraient aussi la côte des Esclaves pour évangéliser. Mais avant que la Grande-Bretagne, la France et l'Allemagne ne pensent à se tailler des colonies en Afrique de l'Ouest, des missions chrétiennes étaient déjà à l'œuvre dans la région[1].

La première tentative protestante sur le territoire du futur Togoland remonte au XVIIIe siècle. Mais il faut dire que ce n'est qu'au XIXe siècle qu'une véritable mission chrétienne commence sur la côte allant d'Accra à Petit-Popo (Aného). Au Togoland, les premiers contacts avec le christianisme ont été réalisés par des missionnaires protestants. Ils sont suivis plus tard par les missionnaires catholiques dont la mission est placée sous la supervision de la *Propaganda Fide*. Cependant, même si l'œuvre des précurseurs de ces deux confessions chrétiennes (les protestants et les catholiques) n'ont pas eu des fruits immédiats, c'est tout de même un ferment utile qui faisait déjà son chemin.

---

[1] N. GAYIBOR (éd.), *Histoire des Togolais.* Tome 4, p. 37.

L'implantation du christianisme au Togoland

Le temps des semeurs : les premières tentatives

Au XIXe siècle, il existait déjà en Gold Coast et au Dahomey une réelle activité missionnaire. Mais sur le lopin de terre non encore conquis par une colonisation européenne (le futur Togoland), on note seulement des tentatives isolées. Celles-ci étaient beaucoup plus liées à des personnes. C'est le cas de Jacob Protten, et de certains pères de la Société des Missions Africaines (SMA), dont le père Jérémie Moran.

Le travail missionnaire de ces précurseurs paraît indépendant de tout objectif politique et colonial. Selon l'historien de l'Afrique Robert Cornevin, « on doit aux frères Moraves[2] la première tentative sérieuse d'implanter une action missionnaire sur cette partie de la côte africaine »[3]. Tout a commencé en 1735. Le comte de Zinzendorf, Nikolaus Ludwig[4] (1700-1760) rencontre à

[2] Les frères Moraves constituent une branche du protestantisme. Ils sont nés en Moravie en 1457. Ce mouvement tire son origine de la doctrine du théologien et réformateur Jean Hus (1368-1415), à la suite de la condamnation au bûcher de celui-ci par le concile de Constance (1415). Les frères Moraves revendiquaient la liberté de prêcher et s'opposaient à la hiérarchie ecclésiastique. Ils sont actifs dans le domaine de l'évangélisation. Cf. Michel MOURRE, *Dictionnaire d'histoire universelle*, Tome II, Paris, Éditions Universitaires, 1968, p. 1420. Stefano CAVALLOTTO, Luigi MEZZADRI (éd.), *Dizionario dell'età delle Riforme 1492-1622*, Roma, Città Nuova Editrice, 2006, p. 276.

[3] R. CORNEVIN, *Histoire du Togo*, p. 126.

[4] Il fut celui qui accueillit les Frères moraves qui étaient alors persécutés. Ce fut aussi un réformateur qui contribua à doter cette Église d'une véritable structure. Selon lui, l'essence du christianisme consiste plus en une expérience d'union avec le Christ qu'une affaire de dogmes. http://www.treccani.it/enciclopedia/nikolaus-ludwig-conte-di-zinzendorf/, consulté le 10/02/2020.

Copenhague le jeune Jacob Protten[5]. Poursuivant depuis 1727 ses études (en cette même ville) dans des conditions difficiles, Jacob accepte l'invitation du comte à se rendre à Herrnhut en Saxe. Appréciant la personnalité de Jacob Protten, le comte Nikolaus voyait déjà en lui un missionnaire. C'est ainsi qu'après un an à Herrnhut (1736), il est envoyé, avec un certain Henry Huckuff, comme missionnaires Moraves en Gold Coast, alors contrôlée par les Danois. Partis d'Amsterdam en mars 1737, ils débarquent à Elmina au mois de mai de la même année[6]. Jacob est alors « le premier missionnaire mulâtre envoyé par les frères Moraves allemands pour l'évangélisation des populations noires de la côte »[7]. Ignorant la langue de la région d'Elmina, les deux missionnaires se déplacent vers Christianborg (Accra), ville natale de Jacob. Mais la mort de Huckuff, survenue le 15 juin 1737, bouleverse tout le plan de la mission de ces deux frères Moraves. Soucieux tout de même de continuer la mission reçue, Jacob alla en septembre 1737 à Petit-Popo pour rendre visite à sa mère. À cette époque, régnait sur le royaume du Petit-Popo, Assiongbon Dandjin, un de ses proches parents. En réalité, la présence de Jacob à Petit-Popo avait pour but de rencontrer le gouverneur danois Hartog qui était en ce moment en visite dans la région[8]. Il voulait soumettre au gouverneur Hartog, le projet de construction d'une école pour les mulâtres à Elmina. Mais le prenant pour un espion

---

[5] Jacob Protten est un mulâtre (1715-1769), fils d'un soldat danois de Christianborg (Accra), et d'une mère originaire de Petit-Popo (Aného), appartenant à la famille royale de Glidji. Il fut un des pionniers de l'évangélisation dans la Gold Coast au XVIIIe siècle. Cf. N. GAYIBOR (éd.), *Histoire des Togolais.* Tome 2, p. 567.

[6] http://www.dacb.org/stories/ghana/protten_cj.html, consulté le 08/02/2020.

[7] N. GAYIBOR (éd.), *Histoire des Togolais.* Tome 2, p. 567.

[8] A cette époque, l'activité des Danois installés en Gold Coast allait jusqu'à Petit-Popo.

du gouvernement danois[9], son projet a été mal accueilli. Il fut alors jeté en prison[10]. À sa sortie de prison en avril 1739, le projet d'évangélisation n'avait plus eu de suite favorable. Il devient finalement « précepteur des enfants d'un notable africain de Cabo Corso (Cape Coast) puis regagne l'Europe où il se marie en 1746 avec une mulâtresse des Antilles, [...] Rebecca »[11]. Bien qu'ayant effectué d'autres séjours en Gold Coast (1757-1761 et 1764-1769) à titre personnel, Jacob Protten n'avait plus exécuté aucune mission. Il meurt finalement dans un fort danois de la côte en 1769[12] au moment où une nouvelle mission des frères Moraves tentait une nouvelle expérience missionnaire dans la région côtière.

En juillet 1768, cinq frères Moraves débarquent à Christianborg. Mais peu après (août-septembre), ils subissent le sort de Henry Huckuff. Ils tombent tous malades et seuls deux survivants ont pu être rapatriés, à la limite de l'épuisement[13]. Deux ans plus tard, en février 1770, quatre autres frères (deux Allemands et deux Anglais) sont de nouveau envoyés à Ningo (Old Ningo), près du fort Fredensborg. Ceux-ci ont connu aussi le même sort. À peine avaient-ils commencé leur activité missionnaire qu'ils furent secoués par la maladie et moururent[14].

Au XVIIIe siècle, les premières tentatives d'évangélisation des frères Moraves échouèrent donc dans les régions de la côte et surtout en Gold Coast. Cet échec

---

[9] Il faut signaler que le roi Fréderic IV de Danemark (1699-1730) fut le parrain de baptême de Jacob. Ce baptême eut lieu le 27 novembre 1727. http://www.dacb.org/stories/ghana/protten_cj.html, consulté le 08/02/2020.

[10] R. CORNEVIN, *Histoire du Togo*, p. 126.

[11] R. CORNEVIN, *Histoire du Togo*, p. 126.

[12] N. GAYIBOR (éd.), *Histoire des Togolais.* Tome 2, p. 567.

[13] R. CORNEVIN, *Histoire du Togo*, p. 127.

[14] R. CORNEVIN, *Histoire du Togo*, p. 127.

était dû principalement à deux causes : la mort prématurée des missionnaires et l'image négative que les habitants des régions de la côte guinéenne avaient de la religion chrétienne[15]. Cependant, bien que la mission des frères Moraves n'ait pas connu de succès, elle a été tout de même un ferment qui a favorisé le développement des activités d'autres groupes missionnaires protestants qui sont venu au siècle suivant (XIXe siècle).

Du côté catholique, on peut noter les tentatives des pères de la Société des Missions Africaines (SMA) dans des localités situées sur le territoire du Togoland. En réalité, les frontières de la préfecture apostolique du Dahomey allaient de l'Ouémé à l'est jusqu'à la Volta à l'ouest[16]. Même après la création de la colonie allemande du Togoland, ces frontières « ecclésiastiques » ne changèrent pas de sitôt. Pour cela, les missionnaires de la Société des Missions Africaines parcouraient certaines régions situées sur le territoire de cette colonie allemande. Dans son journal daté du 13 février 1863, le père Francesco Borghero[17] (1830-1892) signale avoir administré le baptême à deux enfants à Anécho[18]. En janvier 1885, le père Ménager (1848-1912),

[15] Le christianisme était perçu comme la religion de ceux qui pratiquaient l'esclavage. Mais quelque temps après, et surtout suite à l'abolition officielle de l'esclavage au XIXe siècle, il y a eu un changement de mentalité. Cela favorisa beaucoup par la suite l'action missionnaire sur la côte.

[16] L'Ouémé et la Volta sont des fleuves. Le premier se trouve dans l'actuel Bénin et le second au Ghana. La préfecture apostolique du Dahomey était confiée aux missionnaires de la Société des Missions Africaines.

[17] Le père Francesco Borghero était un missionnaire de la Société des Missions Africaines. Il fut envoyé comme missionnaire dans la préfecture apostolique du Dahomey.

[18] A cette époque, le père Borghero allait souvent à Anécho (Petit-Popo) pour calmer des contentieux entre le roi de la localité et celui d'Agoué qui étaient souvent en conflit. Renzo MANDIROLA et Yves

premier préfet de cette région ecclésiastique, et le père Lecron (1855-1895) firent une tournée à l'intérieur du territoire du Togoland. Ils ont parcouru plusieurs localités : Adangbé, Porto Seguro, Kpomé, Agomé, Yobomé, Gati, Tchekpo, Nemebio, Akoumapé, Vo, Petit Popo[19]. De cette tournée, naquit le désir d'ouvrir une mission dans l'arrière-pays. Le père Ménager s'exprimait en ces termes à l'issue de leur voyage : « si le Bon Dieu veut que je fasse à nouveau le voyage d'Adangbé, je remonterai ce torrent qui est à sec en partie (torrent qui vient des montagnes d'Atakpamé et va se jeter dans le lac d'Avon à Kpomé) dans la saison de l'harmattan et, si je puis aller à Atakpamé, je pourrai vous décrire sûrement son origine »[20]. Effectivement, en décembre de la même année (1885), le père Ménager fait de nouveau le voyage d'Adangbé avec les pères Moran, Beauquis et Baudin dans l'espoir d'y fonder une mission. Mais cette mission ne réussit pas. Cependant, déterminés à fonder une mission dans la région, les pères de la SMA finiront par la réaliser. Le choix tomba sur Atakpamé, une localité qui se situait sur le territoire du protectorat allemand. Fonder une mission à Atakpamé comportait tout de même des difficultés réelles : l'éloignement d'Atakpamé, la tyrannie des féticheurs, la cécité du vieux roi. Cependant, malgré la réalité de ces difficultés, deux prêtres missionnaires y sont envoyés. Il s'agit de l'Irlandais Jérémie Moran (27 ans), et du Français Aimé Beauquis (35 ans). Le 22 mars 1886, ces deux missionnaires fondèrent une mission à Atakpamé. La presse

---

MOREL (éd.), *Journal de François Borghero. Premier missionnaire du Dahomey 1861-1865*, Paris, Karthala, 1997, pp. 122-127.

[19] J. BONFILS, *La Mission catholique en République du Bénin*, p. 110.

[20] J. BONFILS, *La Mission catholique en République du Bénin*, p. 110.

missionnaire de l'époque décrivait ainsi cette nouvelle fondation :

> Une station a été fondée en mars 1886 à quelques journées de marche d'Agoué, au centre d'un district fertile et habité par des populations nombreuses. C'est la mission d'Atakpamé. Un bel avenir semble réservé à cette jeune mission ; mais la première année a réellement été pour les pères une année de rudes épreuves. Leur résidence se compose de deux chambres qui mesurent trois mètres de long sur deux de large. Les murs crevassés, le plafond ouvert ont dû être réparés par les pères eux-mêmes. C'est dans la seconde chambre que le matin le saint sacrifice est offert ; plus tard elle se transforme en magasin[21].

Les deux missionnaires furent bien accueillis par le roi Abasa, un vieillard aveugle. Mais, comme le fit remarquer le père Pelofy, « la joie ne dura pas même un mois »[22]. En effet, les pères avaient bien commencé leur mission de fondation quand peu après leur arrivée survient un incident qui allait leur coûter très cher. Le père Müller revient sur les détails de cet incident.

> Deux femmes ramassaient du bois et, par malchance, ce bois appartenait à un arbre fétiche. C'était un crime qui méritait la mort, même s'il était commis par inadvertance. Les deux femmes furent empoisonnées. L'une mourut, l'autre fut amenée aux missionnaires qui réussirent à la sauver. Les féticheurs lui donnèrent une seconde fois du poison ; la pauvre femme fut de nouveau sauvée par les missionnaires. Les féticheurs entrèrent dans une violente colère parce que ces étrangers s'étaient montrés plus forts qu'eux. Ils décidèrent d'empoisonner les missionnaires et le roi qui leur avait accordé l'autorisation de s'établir dans le pays. Le crime eut lieu le Samedi saint, on ne sait trop comment. Le roi mourut ; les

[21] J. BONFILS, *La Mission catholique en République du Bénin*, p. 110.

[22] Karl MÜLLER, *Histoire de l'Église catholique au Togo 1892-1967*, Lomé, Librairie Bon Pasteur, 1968, p. 29.

missionnaires en réchappèrent, mais ils étaient si affaiblis qu'ils durent l'un et l'autre aller se reposer sur la côte[23].

Quelques mois plus tard, les missionnaires, une fois guéris, sont revenus dans leur lieu de mission. Ils arrivent à gagner la sympathie du nouveau roi qui se fait baptiser sous le nom de Joseph. Mais quatre jours après son baptême, le nouveau roi meurt aussi, probablement de poison. La mort du roi Joseph n'a pas été salutaire pour les missionnaires. En réalité, les missionnaires n'étaient pas bien accueillis par les prêtres de la religion traditionnelle. Ceux-ci les voyaient probablement comme des rivaux à écarter. Et lorsque Atakpamé est passée sous la régence des autorités qui n'acceptaient pas la présence des missionnaires, la vie de ceux-ci est devenue un calvaire. Les ennuis et difficultés des deux missionnaires avaient pris de l'ampleur.

En analysant les faits, on peut arriver à la conclusion que la faute des missionnaires n'était pas tellement d'avoir apporté une nouvelle religion à Atakpamé. Puisque, selon la conception de la religion traditionnelle, comme le souligne bien le professeur Gayibor, « plusieurs *vodu* concurrents peuvent [...] cohabiter sans heurts dans le même terroir, leurs actions étant considérées comme complémentaires »[24]. Le problème viendrait alors du fait que certaines activités des missionnaires déstabilisaient probablement une certaine structure de la société. De cette manière, les missionnaires provoqueraient donc un certain déséquilibre de la société. Et de ce fait, c'est toute une représentation du monde qui était en train de s'évanouir. De plus, les médicaments ou « comprimés magiques » des missionnaires faisaient basculer l'audience des guérisseurs traditionnels d'un côté à l'autre. La situation devenait donc

---

[23] K. MÜLLER, *Histoire de l'Église catholique au Togo*, pp. 29-30. En parlant de « la côte », il s'agissait de la mission d'Agoué, une ville côtière qui se situe dans l'actuel pays du Bénin.

[24] Nicoué GAYIBOR, dans la préface à cet ouvrage.

insoutenable. Un ultimatum fut alors lancé : « le 24 juillet 1886, l'annonceur public informa la population que les Blancs n'étaient pas bons et que, par conséquent, personne ne fut autorisé de leur vendre ou à leur donner quoi que ce fût. Celui qui enfreignait cette consigne serait vendu comme esclave »[25].

Au bout de quatre jours, les missionnaires ont été convoqués à la cour du chef. Le verdict était clair : les pères missionnaires doivent quitter la ville. Mais s'ils désiraient vraiment rester dans la localité, ils devaient payer une amende : dix sacs de cauris, quarante têtes de tabac, deux dames jeannes de tafia[26]. Soucieux de l'avenir de la mission en fondation, les missionnaires acceptent de payer la moitié de l'amende. Cela calma un peu le jeu. La calomnie a été démentie et la sentence a été même levée. Probablement en signe de réconciliation, le 6 janvier 1887, les pères reçurent un bout de terrain sur une des collines d'Atakpamé pour y construire leur mission[27]. Ils ont été aussi autorisés à exercer la médecine occidentale. L'accalmie revient alors pour quelque temps, surtout dans les relations avec les autorités locales. Les pères continuèrent alors tranquillement leur mission. « Les gens prenaient confiance et venaient toujours plus nombreux se faire soigner »[28]. Mais le nombre des patients qui allaient chez les guérisseurs traditionnels diminua considérablement. Et cette diminution apporta d'autres ennuis aux missionnaires. Ceux-ci ont été de nouveau empoisonnés. Le poison fut

[25] Lettre de Jérémie Moran, cité par Joseph Mathè AMEGBLEAME, *Le tragique missionnaire de Jérémie Moran, SMA : Violence identitaire, intégration et communion dans l'Église*, Lomé, Editions Saint-Augustin Afrique, 2012, p. 16.

[26] J. M. AMEGBLEAME, *Le tragique missionnaire de Jérémie Moran*, p. 16.

[27] C'est le territoire aujourd'hui de la paroisse Sainte Famille d'Atakpamé.

[28] K. MÜLLER, *Histoire de l'Église catholique au Togo*, p. 30.

versé dans du vin de palme que les pères aimaient boire chaque jour. Les produits vomitifs ne réussirent à sauver que le père Beauquis. Gisant dans un état assez grave, il fut transporté sans connaissance en hamac jusqu'au fleuve Mono. Placé dans une pirogue, il a pu parvenir plus mort que vif à la mission d'Agoué, sur la côte. Même si quelque temps après il a été guéri, il avait eu une longue période de convalescence. Il a été envoyé plus tard à Tokpo au Nigeria où il travailla. Il y meurt le 17 avril 1891[29]. Le père Moran pour sa part succomba sur le champ de la mission. Le 7 août 1887, il mourut seul dans d'atroces souffrances sans médecin ni prêtre. Son confrère, le père Beauquis, était bien trop souffrant pour l'assister. Il a été enterré au pied d'un arbre par les néophytes et amis venus d'Atakpamé et des villages environnants.

Ces événements avaient mis fin à cette première tentative de la fondation d'une mission catholique au Togoland. Mais quelques années plus tard, le 24 mai 1900, la mission d'Atakpamé fut rouverte par les pères missionnaires de la Société du Verbe Divin[30]. Ceux-ci ont réussi à retrouver la tombe du père Jérémie Moran. Et ils lui donnèrent une sépulture convenable au cimetière municipal d'Atakpamé[31].

En définitive, cette première mission des pères de la Société des Missions Africaines dans l'arrière-pays du Togoland échoua comme celle des frères Moraves. Mais c'était la graine jetée en terre qui a porté beaucoup de fruits avec les nouveaux missionnaires allemands avec lesquels commence une nouvelle histoire.

---

[29] J. BONFILS, *La Mission catholique en République du Bénin*, p. 110 (note n°9, a).

[30] K. MÜLLER, *Histoire de l'Église catholique au Togo*, p. 30.

[31] Depuis le 7 août 1987, soit 100 ans après sa mort, les restes du père Jérémie Moran reposent dans l'église Sainte Famille d'Atakpamé.

Les missions protestantes

Comme cela a été dit plus haut, le premier contact des Togolais avec le christianisme a été l'œuvre des protestants. Après l'échec des frères Moraves, des sociétés missionnaires protestante d'origine allemande se sont implantées sur le territoire du futur Togoland à partir de la seconde moitié du XIXe siècle. Ce sont des sociétés dont le mode de vie chrétien, particulièrement strict, est fondé sur la piété : elles participent au mouvement du piétisme. Les piétistes constituent un cercle particulier du renouveau charismatique. Ils accordent aussi une importance particulière aux activités culturelles. Ils promeuvent une pensée élitiste et sont, par conséquent, versés dans des activités telles que la publication et l'édition des livres, les soutiens financiers dans le cadre d'œuvres caritatives et sociales, la construction d'écoles, les activités économiques et missionnaires. Ce mouvement piétiste a connu un grand développement dans le cadre des activités missionnaires en Afrique[32]. Trois communautés protestantes avaient réussi à s'installer au Togoland. Il s'agit des Missions méthodistes de Wesley (Wesleyan Methodist Missionnary Society) ; la Mission de l'Allemagne du Nord (Evangelische Norddeutsch Missionesgesellschaft), communément connue sous le nom de la Mission de Brême ; et la Mission évangélique de Bâle (Evangelische Missionsgesellschaft).

La Mission méthodiste au Togo doit sa naissance au pasteur mulâtre Thomas Birch Freeman. Celui-ci parcourait le golfe de Guinée en évangélisant. Il atteint Petit-Popo (Aného) en mars 1843. L'un des chefs d'Aného d'alors, Georges Akouété Zankli Lawson, l'accueille très chaleureusement. Cela a favorisé la naissance d'une communauté méthodiste parmi les Guins[33]. Un lieu de culte

[32] N. GAYIBOR (éd.), *Histoire des Togolais.* Tome 2, p. 566.
[33] N. GAYIBOR (éd.), *Histoire des Togolais.* Tome 2, p. 576.

a été installé dans le palais royal à Petit-Popo. Le premier culte chrétien méthodiste fut célébré le 28 mars 1843. Cela marqua l'âge premier de l'Église Méthodiste du Togo (EMT)[34]. Petit à petit, la mission méthodiste a pris de l'ampleur avec l'annonce de la Parole de Dieu et la création des écoles. Très tôt, les missionnaires méthodistes ont formé des Togolais qui devraient prendre en main plus tard la mission. Sous l'administration allemande, la mission méthodiste, depuis 1893, n'envoyait plus de pasteurs britanniques, mais plutôt des Allemands[35]. Ceci probablement parce que la présence des Britanniques au Togoland aurait été mal vue par l'administration coloniale allemande. Le temple Ebenezer d'Aného est le premier temple méthodiste construit en 1897 par le pasteur Karl Ulrich.

Une autre confession protestante qui s'était installée au Togoland est la Société de Mission de l'Allemagne du Nord ou la Mission de Brême. Fondée en 1836 à Hambourg, son siège se fixa à Brême en 1851. Son objectif était clair : propager l'Évangile et civiliser les païens[36]. En 1847, un groupe de quatre missionnaires est envoyé au Gabon. Cette tentative a été soldée par la mort de trois missionnaires. Seul rescapé, Lorenz Wolf, revient à Cape Coast vers la fin de la même année. Sa mission le porte à Peki le dimanche 14 novembre 1847. Là il fonde la première station de la Mission de Brême. Dans cette localité, les débuts de la mission ont été difficiles. Face à ces difficultés, les successeurs de Lorenz Wolf avaient préféré descendre un peu plus vers la côte pour s'installer parmi les Anlo[37]. Le 2

[34] http://methodistchurchtogo.org/index.php/notre-histoire/historique?showall=&start=2, consulté le 19/02/2020.

[35] N. GAYIBOR (éd.), *Histoire des Togolais*. Tome 2, p. 578.

[36] N. GAYIBOR (éd.), *Histoire des Togolais*. Tome 2, p. 568.

[37] Les Anlo constituent un sous-groupe du peuple Ewé.

septembre 1853, un autre pasteur, Wilhelm Daeuble parvient à s'installer à Kéta[38].

L'équipe de Lorenz Wolf a été ainsi renforcée par d'autres missionnaires qui avaient travaillé pour évangéliser la région. Leur mission était grande. Mais elle s'est bien développée malgré les difficultés rencontrées, notamment les maladies. Entre 1853-1896, 22 missionnaires avaient péri à Kéta. Mais déterminés dans leur mission évangélisatrice, les missionnaires de la Mission de Brême avaient continué leur œuvre. Les années qui ont suivi l'installation à Kéta (1853) avaient enregistré de nombreuses fondations : Dzélukopé, Woé, Atoko, Waya en 1856 ; Anyako en 1857 ; Sadamé, Agbosomé et Ho en 1859. Après une vingtaine d'années de présence dans la région (1869), la communauté chrétienne de la Mission de Brême comptait environ 101 chrétiens et possédait 128 écoliers, dont 16 séminaristes. Après un intermède dû à la guerre des Ashanti (1869-1874)[39], la Mission de Brême continua son expansion : Whouté, Amédzopé (1890) ; Lomé (1895) ; Agou (1900) ; Atakpamé (1907) ; Kpalimé (1912)[40].

Dans sa politique évangélisatrice, la Mission de Brême s'était surtout investie dans la formation intellectuelle et biblique de ses chrétiens. Des manuels scolaires étaient écrits en Ewé (langue locale). Des cantiques et même le Nouveau Testament ont été aussi traduits en Ewé. La Mission a contribué notamment à l'émergence d'un clergé

---

[38] N. GAYIBOR (éd.), *Histoire des Togolais*. Tome 2, p. 569.

[39] C'était une guerre entre les Anglais et l'Empire Ashanti (un des royaumes de Gold Coast). Il y eut une série de quatre guerres. Celle dont il est question ici est la troisième guerre anglo-ashanti. Elle éclata pendant que les activités missionnaires étaient en plein essor. Elle bloqua sérieusement les activités de la Mission de Brême, ravageant des stations et mettant les missionnaires dans une situation difficile. Cf. N. GAYIBOR (éd.), *Histoire des Togolais*. Tome 2, p. 570.

[40] N. GAYIBOR (éd.), *Histoire des Togolais*. Tome 2, p. 569.

local et à la formation d'une élite intellectuelle religieuse. Cela a aussi contribué à l'éveil d'un nationalisme éwé au Togo.

Pendant la colonisation allemande, la Mission de Brême pouvait jouer un rôle important à côté de l'administration allemande. Mais face à l'argument des colons : « christianisme et patriotisme ne sont pas des choses opposées ; pourquoi mission et colonisation devraient être séparées », l'inspecteur protestant Zahn répondit que les missions n'avaient aucune raison d'appuyer les souhaits et de soutenir les intérêts des puissances européennes colonisatrices. Zahn insiste en disant que le commandement missionnaire du Christ ignore même les frontières nationales. Et cette injonction se rapporte au monde dans son intégralité. C'est pourquoi les missions doivent être entreprises comme cela existait alors, c'est-à-dire comme une activité internationale[41].

La Mission évangélique de Bâle, fondée en 1815[42], a été la dernière de cette triade protestante à fouler le sol du Togoland. Elle est créée dans le but de répandre la Bonne Nouvelle dans toute sa pureté[43]. Installée depuis 1827 en Gold Coast, elle s'était répandue aussi sur le territoire du Togoland. Mais en 1903, elle se retira du Togoland, cédant ainsi ses missions à la Mission sœur de Brême. Cela a permis à cette dernière de développer davantage d'importantes activités missionnaires dans les limites du Togoland.

---

[41] N. GAYIBOR (éd.), *Histoire des Togolais*. Tome 2, pp. 573-574.

[42] En effet, la Mission de Bâle commença le 30 août 1780 comme « Société allemande des promoteurs nobles et actifs de l'enseignement pur et de la foi véritable en Dieu ». Devenue « Société allemande pour la chrétienté », au début du XIXe siècle, elle se transforma en « Mission de Bâle » à partir de 1815. Cf. N. GAYIBOR (éd.), *Histoire des Togolais*. Tome 2, pp. 567.

[43] N. GAYIBOR (éd.), *Histoire des Togolais*. Tome 2, p. 568.

Jusqu'à l'année du protectorat allemand (1884), plus de la moitié des missionnaires avaient perdu leur vie sur le champ de la mission. Cependant, la qualité des missionnaires et leur foi avaient suscité beaucoup d'enthousiasme et de conversions. La linguistique et l'ethnographie ont été également des domaines dans lesquels la Mission de Brême avait apporté une contribution très remarquable pour l'histoire du pays. Les missionnaires de la Mission de Brême avaient été aussi utiles dans le processus de pacification entre les colons et les chefs locaux[44]. Finalement, grâce à leurs actions, le protectorat allemand avait pu s'étendre aussi vers le nord-est du pays, englobant la plupart des postes de la Mission de Brême (Ho, Amedzope, Waya, Kpengoe, Matze, Jérusalem, Wodze)[45]. Qu'en est-il alors de la mission catholique au Togoland ?

La mission catholique

Dans sa lettre-préface au livre du père Karl Müller sur l'*Histoire de l'Église catholique au Togo*, Mgr Joseph Strebler (1892-1984) affirme que « l'histoire de l'Église au Togo est extraordinaire ! Elle commence avec la mort du jeune père Moran, SMA, empoisonné en 1887 à Atakpamé »[46]. Si donc le martyre du père Moran est l'événement crucial qui a marqué le début de l'implantation de l'Église catholique au Togo, quelle a été la préhistoire de cette histoire ? Et quelle est la posthistoire de cette histoire après la tentative des pères SMA ?

---

[44] Nous pouvons signaler ici le rôle non négligeable joué par le pasteur Hornberger dans le traité de Djeloukové en 1874 entre les chefs Anlo et le commodore anglais Hewett. Robert CORNEVIN, *Histoire de l'Afrique. Tome 2 : l'Afrique précoloniale 1500-1900*, Paris, Payot, 1966, p. 469.

[45] R. CORNEVIN, *Histoire du Togo*, p. 129.

[46] K. MÜLLER, *Histoire de l'Église catholique au Togo*, p. 11.

En effet, l'implantation de l'Église catholique au Togo entre dans le cadre général de la mission de l'Église dans le monde et en particulier dans la région ouest-africaine. De fait, au début du XVIe siècle, le futur Togoland faisait encore partie de la côte des Esclaves. La physionomie de la région aux siècles suivants n'était pas encore bien définie au niveau de l'Église. Toutefois, autour du fort d'Elmina, les Portugais avaient tenté de développer quelques activités missionnaires. Selon le chroniqueur Diego d'Alvarenga, le jour de la Saint James, le 18 août 1503, le chef d'Afuto, six de ses lieutenants et un millier d'hommes avaient reçu le baptême[47]. Quelques années plus tard, le 30 septembre 1554, « le père Miron, provincial des jésuites au Portugal, écrit au secrétaire de saint Ignace[48] sur l'invitation du roi du Portugal et lui demande deux pères jésuites pour Elmina »[49]. Mais selon nos recherches, cette demande n'avait pas eu de suite favorable. Car, les archives de la Compagnie de Jésus, connues pour le bon état, ne mentionnent aucune présence de jésuites à Elmina au XVIe siècle. Toutefois la création de la *Propaganda Fide* (1622) va permettre à l'Église de mieux organiser la mission dans cette région du golfe de Guinée. C'est ainsi que le nom d'Elmina apparut pour la première fois dans les Actes de la *Propaganda Fide* le 25 février 1631[50].

Environ trois ans plus tard, le 14 juillet 1634, la *Propaganda Fide* confia l'évangélisation de la région de la Gold Coast aux religieux capucins de la province britannique. L'activité missionnaire de ceux-ci n'avait pas

---

[47] K. MÜLLER, *Histoire de l'Église catholique au Togo*, p. 24.

[48] Il s'agit du Père Polanco (1517-1576), un jésuite espagnol. Ordonné prêtre en 1546, il a été appelé par saint Ignace à Rome au début de l'année 1547 pour devenir son secrétaire. Il va devenir un des plus proches collaborateurs et confidents de saint Ignace.

[49] K. MÜLLER, *Histoire de l'Église catholique au Togo*, pp. 24-25.

[50] R. CORNEVIN, *Histoire du Togo*, p. 129.

eu le temps de se répandre[51] car ils ont été chassés par les calvinistes hollandais [52]. À l'est du territoire du futur Togoland, sur la côte où les Portugais avaient des forts, notamment à Ouidah, des capucins bretons (1644), des capucins de Castille (1658), des dominicains (1667) et des augustins (1699) avaient tenté des implantations[53]. Mais ils n'ont pas eu de succès. Ils ont dû abandonner finalement la mission.

À la suite de toutes ces tentatives sans grand lendemain, le 28 août 1860, le vicariat apostolique du Dahomey a été érigé. Ce vicariat s'étendait de l'est à l'ouest, du fleuve Niger jusqu'à l'embouchure de la Volta ; et du nord au sud, du Soudan jusqu'à l'Atlantique.

Cette immense région, qui comprenait donc le futur Togoland, était confiée à la Société des Missions Africaines de Lyon. À partir de 1883 un nouveau décret créa la préfecture apostolique du Dahomey[54]. En 1891, les missionnaires de la SMA voulaient ouvrir une école à Petit Popo afin d'avoir la possibilité de visiter souvent la région et de voir comment rouvrir Atakpamé[55]. Mais quelques mois plus tard, la *Propaganda Fide* en a décidé autrement.

---

[51] Ce n'est qu'environ 10 ans après leur avoir confié la mission de la Gold Coast que la *Propaganda Fide* reçut le 27 mai 1644 la nouvelle du baptême du chef de Komenda et d'autres princes. Cf. R. CORNEVIN, *Histoire du Togo*, p. 129.

[52] K. MÜLLER, *Histoire de l'Église catholique au Togo*, p. 25.

[53] K. MÜLLER, *Histoire de l'Église catholique au Togo*, p. 25. Robert CORNEVIN, *Histoire du Togo*, p. 129.

[54] En 1860 fut créé le premier vicariat apostolique du Dahomey. Dix ans plus tard, en 1870, il prit le nom de vicariat apostolique du Bénin, allant du Togo jusqu'au Nigeria. *Grosso modo*, le vicariat se situait entre les fleuves Volta et Niger. Mais en 1883, ce vicariat fut divisé en deux territoires ecclésiastiques : la préfecture apostolique du Dahomey, qui comprenait en réalité le territoire du futur Togoland et le Dahomey ; et le vicariat du Bénin, compris entre les fleuves Ouémé et Niger.

[55] Patrick GANTLY, *Histoire de la Société des Missions Africaines (SMA) 1856-1907. De la fondation par Mgr de Marion Brésillac (1856)*

Pour permettre l'envoi d'un plus grand nombre de missionnaires dans des régions appartenant jusqu'ici à la préfecture apostolique du Dahomey, pour que ces missionnaires puissent conduire à la civilisation et au salut les populations de ce pays, il a paru nécessaire de séparer le territoire du Togo de celui du Dahomey. C'est pourquoi, dans leur assemblée du 22 février de cette année[56], les cardinaux ont jugé bon de créer une Préfecture apostolique au Togo[57].

Rome trouvait donc plus sage d'admettre le principe de confier un territoire à des missionnaires de la même nationalité que les fonctionnaires coloniaux[58]. C'est ainsi que la nouvelle préfecture apostolique du Togo a été confiée à une société missionnaire de langue allemande à peine fondée : la Société du Verbe Divin (SVD). Elle est fondée à Steyl (Hollande) en 1875 par l'Allemand Arnold Janssens. C'est à elle que l'Église a confié la mission d'implanter la foi catholique au Togoland[59]. Par ailleurs, il faut signaler que cette implantation de l'Église catholique au Togo a été aussi en partie sollicitée par le gouvernement de Berlin et par des chrétiens catholiques d'origine afro-brésilienne, installés dans les régions côtières du Togoland. De fait, le but du gouvernement allemand était de contrebalancer le poids des protestants, dont la politique

---

à la mort du Père Planque (1907). Tome 2 : Des années 1890 à 1907, Paris, Karthala, 2010, pp. 26-28.

[56] Il s'agit de l'année 1892.

[57] Ce décret de la *Propaganda Fide*, signé par le cardinal préfet Ledochowski le 12 avril 1892, fut envoyé au père Janssen le 6 mai de la même année. K. MÜLLER, *Histoire de l'Église catholique au Togo*, pp. 35-36.

[58] P. GANTLY, *Histoire de la Société des Missions Africaines*, p. 28.

[59] En effet, l'envoi des missionnaires SVD en Afrique fut suggéré au père Arnold Janssen par le pape Léon XIII lors de l'audience qu'il lui avait accordée le 10 décembre 1887. Cf. K. MÜLLER, *Histoire de l'Église catholique au Togo*, p. 35.

missionnaire n'était pas vraiment en osmose avec les idées coloniales allemandes[60].

Le 12 avril 1892 est érigée la préfecture apostolique du Togo. Environ deux mois plus tard (juin 1892), une équipe de cinq missionnaires a été constituée. Le père Johannes Schäfer est nommé premier supérieur de la mission du Togo, sous le titre de pro-préfet apostolique. Avec lui, sont envoyés dans la colonie allemande de l'Afrique de l'Ouest, le père Matthias Dier, et les frères Johannes, Norbertus et Venantius. Embarqués le 21 juillet 1892 sur le bateau Erna de la Compagnie Wörmann, ils débarquent à Lomé le mois suivant. Le 26 août à 16 heures 58 minutes, le bateau des premiers missionnaires de la SVD jeta l'ancre au wharf de Lomé. Le dimanche 28 août 1892, fête de Saint Augustin, grand évêque africain et patron de la congrégation des Verbites, fut célébrée avec beaucoup d'émotion la première messe des pères SVD sur le sol du Togoland. Cette messe constitue l'événement qui marqua officiellement le début de l'implantation de la Mission catholique au Togoland[61].

Les missionnaires, dès leur arrivée, avaient reçu un accueil très chaleureux de la part des autorités allemandes, du chef local, Octaviano Olympio, et de la population. Quelques semaines plus tard, le pro-préfet de la mission, le père Schäfer, pouvait en rendre compte à son supérieur général en ces termes : « jusqu'à maintenant, le Bon Dieu nous a vraiment bénis. Dès les premiers jours on nous reçut aimablement. La chance nous sourit. Les gens viennent à nous avec confiance. Plusieurs familles catholiques vivaient ici comme des brebis sans berger. Elles se réjouissent aujourd'hui »[62]. Les jours qui vont suivre seront chargés d'une immense activité missionnaire. Comment s'est-elle alors déroulée cette histoire de la mission de ces

---

[60] N. GAYIBOR (éd.), *Histoire des Togolais*. Tome 2, pp. 578-579.

[61] K. MÜLLER, *Histoire de l'Église catholique au Togo*, pp. 37-40.

[62] K. MÜLLER, *Histoire de l'Église catholique au Togo*, p. 39.

hommes de Dieu, envoyés pour évangéliser les habitants du Togoland ?

Les missionnaires de la SVD au Togoland

Les œuvres des missionnaires

Lorsque les missionnaires de la Société du Verbe Divin arrivaient au Togoland en 1892, les missions protestantes étaient déjà en plein essor. Cependant ils ont su se donner les moyens, en hommes et en investissements pour réaliser leur mission. L'action des missionnaires de la SVD se déroulait dans les frontières politiques du Togoland. Bien que le pouvoir colonial allemand voulût faire usage de l'évangélisation au profit de sa colonisation du pays[63], la tâche essentielle des missionnaires catholiques (comme des protestants d'ailleurs) était de porter l'Évangile au peuple togolais. Pour atteindre cet objectif, la mission n'a pas été sans fatigue. Si les missionnaires savaient bien ce qu'ils allaient faire, la manière de le faire restait à trouver au milieu d'un peuple bien différent du leur par sa vie et ses coutumes. Mais très tôt, les missionnaires ont trouvé leur méthode : fonder des missions et créer des écoles. De plus, une stratégie a guidé leur méthode. Il s'agissait de trois critères qui régissent leur action missionnaire :

Eviter les conflits : en cette période de fondation des missions, les missionnaires ont fait le choix de ne pas s'installer dans les milieux à majorité protestante ou musulmane afin d'éviter des conflits inutiles et nuisibles pour la mission.

Choisir des lieux importants : à l'arrivée des missionnaires, Lomé n'était pas aussi importante

[63] Nous signalons de nouveau que les missionnaires catholiques avaient été voulus par le gouvernement de Berlin afin de contrebalancer le poids des protestants qui étaient réticents face à la colonisation. Cf. N. GAYIBOR (éd.), *Histoire des Togolais.* Tome 2, pp. 578-579.

qu'Aného[64]. Mais les missionnaires intuitionnaient déjà l'avenir prometteur de la ville de Lomé qui devient, quelques années plus tard (1897), la capitale du Togoland. De même, les missionnaires de la SVD avaient bien choisi d'autres localités pour la fondation des stations missionnaires comme Atakpamé et Kpalimé. Ces lieux devinrent des villes importantes du Togoland.

Elargir systématiquement les fondations : après avoir établi une solide base de leur présence sur la côte (Lomé, Aného), les missionnaires se sont lancés dans les fondations de plusieurs autres missions vers l'intérieur du pays[65].

Pour revenir sur la méthode d'évangélisation, *la fondation des missions* a été la première des choses à réaliser. À ce sujet, on distingue trois périodes de fondation des missions. La première période (1892-1900) va de l'installation à Lomé jusqu'au début de la mission à Atakpamé. Pendant les premiers mois qui ont suivi leur arrivée au Togoland, les missionnaires se sont cantonnés à Lomé et à ses environs immédiats (Amoutivé, Grand et Petit Bè). Lomé acquit rapidement de l'importance et devient le chef-lieu du rayonnement de la mission catholique au Togoland. Dès l'année suivante, la liste des fondations est remarquable : Adjido, Togoville (1893), et Porto-Séguro (1895). Au cours de cette période, des voyages sont effectués afin de sonder les lieux favorables aux prochaines implantations. On note aussi au cours de cette même première période, l'arrivée en mars 1897 de quatre religieuses de la congrégation des Servantes du

---

[64] Entre 1887-1897, la capitale du Togoland se situait à Zébé, une localité proche d'Aného. Mais le 6 mars 1897, le siège de la colonie a été officiellement transféré à Lomé. Lomé va alors commencer par s'épanouir comme la capitale du pays.

[65] Dieter Eduard SKWERES, *Et vetera : les méthodes d'évangélisation des premiers missionnaires SVD au Togo*, Lomé, Ediverbum SVD, 1993, pp. 13-16.

Saint-Esprit pour s'occuper entre autres de la scolarisation et de la formation des filles.

La deuxième période va de 1900 à 1912. Elle commence avec la fondation (ou la refondation) de la mission d'Atakpamé, avec 27 stations secondaires. L'année 1900 marque le début de l'étape de la pénétration vers l'intérieur du pays. La mission de Tsévié est fondée en 1901, Kpalimé en 1902, Kpando en 1904, Gbi-Bla (Hohoè) en 1906, Adéta en 1907, Assahoun en 1908, et Agou en 1910.

La troisième période est marquée par la fondation de la mission d'Alédjo en 1913 au centre du pays. Il faut noter que pendant longtemps, le nord était interdit aux missionnaires par le gouvernement colonial. Mais à peine un décret impérial autorise aux missionnaires de pénétrer à l'intérieur du pays que le déclenchement de la Première Guerre mondiale allait empêcher la poursuite de cette prodigieuse entreprise missionnaire[66].

À travers leur mode de vie et leur travail apostolique, les missionnaires ont développé une attitude respectueuse et amicale vis-à-vis des populations et des cultures. L'intérêt pour apprendre la langue locale et mieux connaître la culture de ces populations est bien remarquable. Tandis que les pères Witte, Litzenburger, Stangier, Kost, Hoffmann, Mertens et Ewen publient des ouvrages sur la langue Ewé, le père Breitkopf fait sortir une intéressante étude scientifique sur le siège des ancêtres[67]. Les premières

---

[66] D. E. SKWERES, *Et vetera*, pp. 15-16.

[67] D. E. SKWERES, *Et vetera*, p. 19. Le siège des ancêtres, appelé en Ewé, *Togbézipkui*, est un siège (spécial), confectionné avec un bois particulier, pour immortaliser la mémoire d'un ou des ancêtres. Ce siège symbolique évoque le souvenir des personnes qui ont bien mené leur vie sur la terre et qui sont dignes d'être présentées comme exemple. Ils deviennent des modèles de vie pour leurs descendants ou les générations futures. Dans les cours royaux, le *Togbézikpui* est utilisé à des moments clés. Le roi s'assoit sur ce siège pour juger ou pour dire des choses importantes. Ce siège constitue en quelque sorte la

activités pastorales dans les fondations (les stations missionnaires) sont la préparation au baptême et aux autres sacrements ; l'accompagnement personnel des néophytes par les pères et les parrains et marraines bien choisis par les missionnaires ; les visites pastorales à domicile. L'approfondissement de la foi naissante est assuré à travers une liturgie bien soignée, une instruction dominicale régulière[68]. La vie paroissiale est aussi organisée autour des congrégations et associations chrétiennes. Un engagement évangélique de la part des nouveaux chrétiens est requis : témoignage de vie, participation à la vie de la mission, avertir le prêtre quand quelqu'un est malade ou sur le point de mourir afin de lui administrer le sacrement des malades, etc. Une contribution financière ou en nature pour le développement de la mission est aussi demandée aux fidèles.

L'école est également un élément très important pour l'évangélisation du Togoland. Malgré les divergences doctrinales entre les missions chrétiennes (catholique et protestante), le ton est unanime sur le fait que « sans alphabétisation préalable des peuples, il s'avérait impossible pour elles[69] d'accomplir toute œuvre d'évangélisation »[70]. Car, l'école « fut le moyen nécessaire pour la christianisation du Togo. Elle a servi à élever le niveau de la culture et de l'expansion du christianisme [...]. Le plus souvent, la mission trouva accès aux localités grâce à l'école. Par l'intermédiaire des enfants, elle trouva le

« *cathedra* » à partir de laquelle le roi donne un enseignement ou un ordre important pour le royaume.

[68] Chaque dimanche après-midi, des enseignements religieux sont donnés aux enfants et aux adultes.

[69] Il s'agit ici des missions chrétiennes.

[70] Koffi Nutefé TSIGBE, « Evangélisation et alphabétisation au Togo sous domination coloniale (1884-1960) », in *Cahier de la recherche sur l'éducation et les savoirs*, 12 (2013), p. 91.

chemin vers les cœurs des adultes »[71]. Martin Schlunk, inspecteur de la Mission évangélique de Brême, fait aussi cette analyse : « l'école est au Togo, comme sur toute la côte d'Afrique occidentale, un moyen indispensable ; sans scolarisation, toute œuvre missionnaire est vouée à l'échec »[72]. Le père Karl Müller fait aussi pour sa part la même remarque : « le missionnaire au Togo doit consacrer beaucoup de temps et d'énergie à l'école, car elle est le moyen indispensable pour christianiser le pays »[73]. L'école est alors un moyen idéal et nécessaire pour annoncer l'Évangile et transmettre l'éducation chrétienne. Et les missionnaires l'avaient vite compris.

L'école, c'est aussi le lieu de la culture. Étant donné que les missionnaires voyaient déjà dans la jeunesse l'avenir du pays, elle a été la couche la plus privilégiée de la population. L'école constitue donc le lieu de la formation humaine, intellectuelle et professionnelle des jeunes. Par conséquent, les missionnaires n'ont pas hésité à créer des écoles. Celles-ci sont même considérées comme « le germe de la foi ». Il faut signaler d'ailleurs que le jour même de la fondation de la mission de Lomé (28 août 1892), le chef de la ville, Octaviano Olympio, a demandé au père Schäfer la création d'une école. Deux jours après, le 30 août, cinq enfants sont venus auprès des pères pour suivre des enseignements. C'est le début de la première école catholique. Les jours suivants vont enregistrer un groupe d'enfants de plus en plus nombreux. Deux ans plus tard, en 1894, Lomé comptait déjà trois écoles avec environ 200 élèves dont 60 sont logés dans des internats[74]. En 1899, l'École

[71] Ceci était l'avis de la direction des Missions. J. K. ADJA, *Evangélisation et colonisation au Togo,* pp. 17-20.

[72] Nicoué GAYIBOR, *Le Togo sous domination coloniale (1884-1960),* Lomé, Presses de l'Université du Bénin, 1997, p. 76.

[73] N. GAYIBOR, *Le Togo sous domination coloniale*, p. 76.

[74] D. E. SKWERES, *Et vetera*, p. 31.

professionnelle de Lomé ouvre ses portes avec quatre ateliers. Cinq autres ateliers s'y ajoutent plus tard. Avec l'augmentation du nombre des missionnaires, d'autres écoles sont créées. À côté d'une mission chrétienne, il n'est donc pas étonnant de voir une école et non loin un dispensaire. L'apostolat de la santé est aussi un élément important de la mission. Les missionnaires liaient l'évangélisation au développement intégral de l'homme à travers le travail, et le travail bien fait.

Dans leur activité évangélisatrice, les missionnaires se sont aussi engagés au service de la défense de la justice sociale. Ils ont lutté pour la libération des esclaves[75] et la défense des droits humains. Cela va sans dire que le travail des missionnaires n'a pas été que de la joie. Ils devraient faire face aux défis des religions traditionnelles, établir de bons rapports avec les chefs locaux et inventer un mode relationnel porteur d'une bonne collaboration avec les autorités coloniales allemandes.

La collaboration entre les autorités coloniales et les missionnaires

Huit ans après la naissance officielle du Togoland, le gouvernement allemand invite l'Église catholique à s'y installer. Quand on sait que l'Allemagne venait à peine de sortir du *Kulturkampf*[76] (1871-1878), on peut être surpris

---

[75] Plusieurs documents d'archives conservés dans les archives historiques de la *Propaganda Fide* témoignent de la sollicitude de l'Église à travers les missionnaires, pour la libération des esclaves et la fin de l'esclavagisme.

[76] C'est le conflit qui a opposé Bismarck aux catholiques allemands de 1871 à 1878. En effet, Bismarck a vu avec inquiétude la naissance d'un Parti allemand du Centre (Zentrum Partei) qui risquait de se rallier toutes les oppositions catholiques contre la nouvelle politique prussienne et de mettre ainsi à mal l'unité de l'Empire qu'il vient à peine de fonder. À l'origine de cette inquiétude se trouve

d'un tel appel et de l'engagement de l'Église dans une colonie allemande. Mais trois facteurs de cette époque peuvent expliquer cette attitude : l'idée que les colonies sont, pour les pays européens, une nécessité impérieuse ; la participation des sociétés missionnaires à l'œuvre de la colonisation apparait comme un gage de succès de la colonisation ; l'engagement à aller au secours des peuples à coloniser en leur apportant la civilisation européenne et la foi chrétienne, les colonisateurs et les missionnaires l'appellent *Kulturarbeit* (la mission civilisatrice)[77].

La collaboration entre les autorités coloniales et les missionnaires a voulu donner raison à cette affirmation de Friedrich Schleiermacher : « il est naturel que ceux qui veulent répandre une religion supérieure soient obligés de répandre aussi un degré supérieur de culture. C'est bien pour cela que la mission n'est vraiment florissante que par une colonisation effective »[78]. La colonisation et évangélisation coïncident alors bien sur le point de la fameuse « mission civilisatrice ».

Contrairement aux missions protestantes, qui ont déjà une certaine expérience sur le terrain et une relative autonomie vis-à-vis du gouvernement colonial, la mission catholique a eu une certaine difficulté à affirmer toute son indépendance. Elle est d'une certaine manière liée aux autorités coloniales. Et certains signes le montrent bien. L'audience de la cérémonie qui précède le départ des premiers missionnaires en dit long sur le type de collaboration qui devrait lier ces deux entités. *Germania*, un journal de la ville de Steyl (Pays-Bas), daté du 17 juillet 1892, décrit l'ambiance en ces termes :

---

essentiellement la proclamation du dogme de l'infaillibilité pontificale au concile Vatican I (1870). Cf. Note n°14 : J. K. ADJA, *Evangélisation et colonisation au Togo*, p. 17.

[77] J. K. ADJA, *Evangélisation et colonisation au Togo*, p. 16.

[78] J. K. ADJA, *Evangélisation et colonisation au Togo*, p. 3.

> Ce matin vers 9 heures, les membres de la Direction de l'Afrikaverin [Association des Catholiques allemands pour l'Afrique] sont arrivés ici. Il s'agit du Directeur régional du tribunal, M. Reichensperger, du Président de l'Afrikaverein, du Haut Conseil régional du tribunal, M. Bünder et du responsable financier de l'Afrikaverein, M. Horten. Empêché, son excellence M. Sannonicus Hespers n'a pu faire le déplacement. L'office pontifical qui a commencé à neuf (9) heures a vu la participation de plusieurs prêtres de la congrégation. L'intérieur de l'église a été solennellement décoré avec des inscriptions et des cierges[79].

Aussi l'accueil des missionnaires à Lomé a-t-il été très chaleureux et amical. Les missionnaires sont l'objet d'une attention particulière de la part des Allemands qui sont sur place (fonctionnaires coloniaux et commerçants). Progressivement, la collaboration semble être une complémentarité. L'autorité coloniale s'occupe du corps et de la discipline et l'autorité missionnaire s'occupe de l'âme et du salut. Des moments importants marquent aussi le lien entre ces deux corps (Église et État). La célébration des fêtes nationales par exemple : missionnaires et colons se retrouvent pour fêter leur pays. Quand les missionnaires sont éprouvés par un deuil, on peut remarquer la présence des fonctionnaires coloniaux aux obsèques.

En 1896, la nomination du père Hermann Bücking comme nouveau préfet apostolique du Togo a suscité le mécontentement du père Matthias Dier. En effet, celui-ci pensait obtenir ce poste dans le but de travailler dans l'administration coloniale comme aumônier militaire. Ceci témoigne du lien d'amitié et de collaboration qui existait au Togoland entre les missionnaires et les colons[80]. Le gouvernement impérial finançait aussi les activités de la mission catholique. Chaque année, un rapport est envoyé au Parlement allemand. C'est le célèbre « Livre blanc ». Il donne des nouvelles sur l'activité des missionnaires, les

---

[79] J. K. ADJA, *Evangélisation et colonisation au Togo*, p. 43.
[80] J. K. ADJA, *Evangélisation et colonisation au Togo*, pp. 44-45.

réalisations faites et témoigne de l'aboutissement des fonds. Le Livre blanc de 1905 par exemple mentionne, entre autres, la construction du nouveau bâtiment de l'école professionnelle et le travail des missionnaires dans les écoles et dispensaires de certaines localités. L'année 1907 est marquée par un événement important pour le pays. C'est la première exposition agricole du Togo qui a eu lieu à Kpalimé du 27 au 31 janvier. Durant cette exposition, le recteur de Kpalimé, le père Schönig[81], est gratifié d'un diplôme d'honneur de l'Empire allemand pour ses magnifiques travaux dans le développement agricole au Togo. Les Sœurs de Kpalimé ont reçu une médaille d'or pour la qualité de leur production de bananes et la conservation des fruits[82].

Par ailleurs, dans leur apostolat scolaire, les missionnaires ont fait l'option de promouvoir l'allemand à côté de l'Ewé (langue locale). Pour cela, le gouvernement allemand subventionne plus les écoles catholiques par rapport aux écoles protestantes qui ont plutôt fait le choix particulier de la promotion de la langue locale, l'Ewé[83].

Plusieurs faits historiques témoignent, par ailleurs, de la bonne collaboration et de l'amitié entre missionnaires et colons. Mais ces bonnes nouvelles ne sauraient dissimuler certains rapports de force entre ces deux corps pourtant appelés à travailler ensemble. Déjà en 1907, à la conférence des recteurs, le père Kost attirait l'attention de ses confrères sur les relations un peu tendues avec le gouvernement colonial[84]. Surtout sur la question du respect des droits

---

[81] Le Père Schönig fut voulu par le gouvernement allemand comme Pro-préfet apostolique du Togo à la suite des conflits avec le Père Bücking. La *Propaganda Fide* le nomma au détriment du Père Kost, voulu par les missionnaires du Togo.

[82] K. MÜLLER, *Histoire de l'Église catholique au Togo*, pp. 61-62.

[83] K. N. TSIGBE, « Evangélisation et alphabétisation », pp. 90-96.

[84] K. MÜLLER, *Histoire de l'Église catholique au Togo*, p. 64.

humains, colonisateurs et missionnaires n'étaient pas sur la même longueur d'onde.

Le conflit entre les missionnaires et les colonisateurs

Le lieu de conflit entre la mission et le gouvernement colonial se situe principalement sur le mode de traitement des Togolais. Comment approcher les colonisés en respectant leur dignité et liberté ? Il y a deux faits majeurs qui retiennent l'attention. Ce sont deux situations qui ont occasionné des difficultés dans la relation qui devrait aider à la bonne marche des activités dans la colonie allemande.

Déjà en 1893, soit un an après l'arrivée des missionnaires, une première difficulté se fit sentir. Il s'agit des « fâcheux incidents de Tové »[85]. En février 1893, les pères Schäfer et Dier, ainsi que le frère Thomas étaient en tournée à Assahoun[86]. Par hasard, le chef de Tové, Quashie, était aussi de passage dans le village. Deux filles, dites esclaves, apprenant la présence des missionnaires dans les parages, ont fui la cohorte pour chercher refuge auprès des missionnaires. Voulant les protéger, les missionnaires exigent du chef la libération des filles en lui proposant 100 marks en guise de dédommagement. Mais étant convaincu de ses droits d'autorité sur ces filles, le chef Quashie refuse l'offre des missionnaires en appelant au tribunal colonial de Lomé. Les filles sont alors emmenées (par les missionnaires) à Lomé et confiées au commissaire colonial. Douze jours après, elles regagnent leur liberté par le fait que le chef de Tové ne s'est pas présenté devant le tribunal.

---

[85] C'est ainsi que le Dr Kayser, directeur du département colonial au Ministère des Affaires étrangères à Berlin, a qualifié cette première difficulté de communication entre les colons et les missionnaires. J. K. ADJA, *Evangélisation et colonisation au Togo*, p. 49.

[86] Une localité qui était sous la juridiction du chef de Tové.

Si l'affaire s'était arrêtée à ce point, l'histoire n'aurait enregistré aucun incident. Mais, selon Jules Adja, « il apparaît clairement qu'à cette époque déjà, les missionnaires avaient été les premiers à rendre cette affaire publique, uniquement pour l'exploiter pour leur propre cause »[87]. L'administration coloniale finit par accuser les missionnaires d'avoir dépossédé illégalement le chef Quashie de ses esclaves. Et ce geste est interprété comme une provocation à l'égard de l'autorité traditionnelle. Le commissaire colonial somme le père Schäfer, préfet apostolique, de payer une amende. Mais ce dernier refuse d'obtempérer. L'affaire est portée jusqu'à Berlin. Dans cette affaire, que Dr Kayser demande de vite régler, le préfet apostolique est menacé d'expulsion. Finalement, l'administration coloniale paya 24 pounds au chef Quashie pour dédommagement[88]. Cet incident, qui a mis à l'épreuve les relations entre gouvernement colonial et la mission, a été tout de même vite réglé. Cela témoigne aussi du désir de maintenir une bonne collaboration entre eux. Mais un autre incident montre que les objectifs des missionnaires et des administrateurs coloniaux sont, malgré tout, différents.

Un incident plus grave, qui a coûté le départ de certains fonctionnaires et même le rappel du préfet Bücking et certains missionnaires, est celui d'Atakpamé. Selon le père Müller, « depuis plusieurs années le comportement de quelques fonctionnaires laissait à désirer. Des indigènes étaient maltraités. Les pères avaient [...] élevé des

[87] J. K. ADJA, *Evangélisation et colonisation au Togo*, p. 49.

[88] Cette opération de compensation financière est attestée par une lettre datant du 13 avril 1893. Elle est adressée à Puttkamer, par Amason, agent diplomatique des Allemands. Et il semblerait que le père Arnold Janssen, Fondateur de la congrégation du Verbe Divin, soit intervenu en faveur du père Schäfer et ait payé l'amende exigée afin de favoriser une bonne collaboration entre la Mission et le gouvernement. J. K. ADJA, *Evangélisation et colonisation au Togo*, pp. 49-50. D. E. SKWERES, *Et vetera*, pp. 46-47.

protestations. On leur recommandait la patience. Mais ils ne pouvaient ni fermer les yeux ni se taire. Cela tourna mal dès 1903 »[89]. Dépassés par les événements, les missionnaires lèvent finalement le ton et accusent un fonctionnaire colonial d'avoir injustement arrêté et fait cruellement battre une quarantaine de Togolais. Ils l'accusent aussi d'avoir abusé sexuellement d'une mineure[90]. Les conséquences ont été dramatiques : les pères Müller, Schmitz, et les frères Probus, Willibrord sont arrêtés et emprisonnés. On peut imaginer ce que cela a entraîné au Togoland, en Allemagne et à Rome. Tandis que les missionnaires accusaient des fonctionnaires de scandales et se plaignaient des abus sur des Togolais, les fonctionnaires accusaient aussi les missionnaires d'être des citoyens dangereux qui viciaient, de surcroit, les Togolais. Pour Josko von Puttkamer[91], « des chrétiens paresseux qui ne font que prier et chanter, les bras croisés, c'est déjà mauvais pour l'Europe, mais en Afrique, cela a pris des proportions vraiment effrayantes, et a eu pour conséquence une démoralisation pire encore que celle engendrée par le rhum et le gin dont le monde civilisé a gratifié le continent noir »[92]. En 1907, cette affaire a provoqué des procès et de houleuses discussions au *Reichstag* de Berlin. Les journaux allemands avaient même qualifié la situation de *Kulturkampf* au Togoland. Par la suite, le conflit a pris des ampleurs considérables. Mais il a finalement été réglé entre le gouvernement allemand et la congrégation de la *Propaganda Fide*. Les fonctionnaires

---

[89] K. MÜLLER, *Histoire de l'Église catholique au Togo*, p. 65.

[90] Sur ce sujet des exactions des fonctionnaires coloniaux au Togo, et principalement dans la région d'Atakpamé, Jules Adja donne d'importants détails dans la deuxième partie son livre. Cf. J. K. ADJA, *Evangélisation et colonisation au Togo*, pp. 69-208.

[91] C'est un administrateur colonial allemand qui fut gouverneur du Cameroun et commissaire impérial au Togoland (1895-1907).

[92] Puttkamer, cité par J. K. ADJA, *Evangélisation et colonisation au Togo*, p. 67.

coupables perdent leur poste au Togoland. Pour ce qui concerne les missionnaires engagés dans cette affaire, vu les graves difficultés de relation entre le préfet apostolique et les autorités coloniales, et considérant le fait que le gouvernement allemand exigeait le départ des pères Bücking, Müller et Witte, le préfet de la *Propaganda Fide* a demandé le rappel de ces missionnaires. Même si le père Arnold Janssen s'était battu en allant lui-même à Rome rencontrer le cardinal-préfet de la *Propaganda Fide* et le pape, l'enjeu de la paix avec le gouvernement allemand était plus indispensable pour Rome que de garder au Togoland ces missionnaires. Rome demande le départ de ces missionnaires. Ceux-ci ont dû quitter le Togoland, le 27 novembre 1907, avec beaucoup d'amertume. Tout compte fait, la mission continua. Mais elle se retrouvait sans préfet apostolique. Le père Kost assura l'intérim pour quelque temps. Le 6 décembre 1907, la *Propaganda Fide* désigne le père Nicolas Schönig comme supérieur de la mission. Et le 9 juillet 1908, le père Schönig est nommé pro-préfet apostolique du Togo[93].

Ces événements, qui témoignent des relations à la fois amicales et conflictuelles entre les missionnaires et les autorités coloniales allemandes, n'ont pourtant pas empêché la poursuite des activités des missionnaires. La mission grandissait et se développait avec beaucoup d'enthousiasme. Elle prenait de plus en plus d'ampleur quand explosa la Première Guerre mondiale. Ce fut un véritable malheur pour la mission et les missionnaires.

---

[93] K. MÜLLER, *Histoire de l'Église catholique au Togo*, pp. 65-70.

Le malheur de la Première Guerre mondiale

L'Afrique et le premier conflit mondial

L'histoire du Togoland est aussi liée aux vicissitudes des événements de l'Europe, voire du monde. Le sort du Togoland a été scellé avec l'épisode de la Première Guerre mondiale. Un retour sur les chroniques de cette guerre est indispensable pour mieux comprendre le déclin du Togoland et de l'activité des missionnaires allemands.

En 1914, l'Europe avait une hégémonie sur le monde. Les empires coloniaux en Afrique étaient presque dessinés. Entre les puissances européennes, se tissaient des alliances les unes avec les autres ; et les unes contre les autres. La Russie, la France, et le Royaume-Uni forment la Triple Entente ou les Alliés ; tandis que l'Autriche-Hongrie, l'Allemagne et l'Italie forment la Triple Alliance ou la Triplice. L'étincelle qui alluma le feu au canon vient de la Bosnie-Herzégovine, une possession austro-hongroise. Le 28 juin 1914, un terroriste serbe assassine l'archiduc Ferdinand, héritier de la couronne austro-hongroise, et sa femme. Un mois plus tard, François-Joseph, alors empereur de l'Autriche-Hongrie, se décide à donner une leçon aux Serbes. Le 28 juillet, il déclare la guerre à la Serbie. Cela enclenche la machine des alliances entre les puissances. La Russie, par solidarité ethnique (slave), mobilise ses troupes aux côtés de la Serbie. Cela entraîne aussi l'intervention de l'Allemagne, alliée de l'Autriche-Hongrie. La France soutient la Russie. Les dés sont donc jetés. Le 1er août 1914, l'Allemagne déclare la guerre à la Russie, et le 3 août à la France. La Grande-Bretagne entre dans la guerre le 4 août aux côtés de ses Alliés. Au début, l'Allemagne pensait que la guerre n'allait durer que quelque temps. Et pourtant ! Elle a fini par prendre quatre ans avant de s'arrêter. L'Europe constitue le champ de bataille principal de la guerre. Mais on ne peut ignorer le fait que cette guerre ait entraîné aussi une chaîne de conflits à travers le monde, notamment dans les colonies en Afrique[94].

Sur le continent africain, les combats ont eu lieu principalement dans les colonies allemandes. Du fait que les belligérants avaient besoin aussi d'hommes et de quoi soutenir les combats, l'Afrique s'est retrouvée, de cette manière, entraînée dans la guerre. Surtout aux côtés des Alliés, les Africains avaient combattu comme soldats, communément appelés « tirailleurs ». Ils ont combattu avec leurs chefs non seulement sur le sol africain, mais aussi et surtout en Europe. Ils ont dû affronter l'épreuve du climat, du courage, voire de l'héroïsme. En dehors du besoin en hommes, des contributions en vivres et en matières premières sont aussi demandées aux colonies. Tout cela dans le but de soutenir la machine de guerre. Les combats sur le sol africain ont été violents[95]. L'Allemagne se retrouvait toute seule contre les autres puissances coloniales en Afrique (France, Royaume-Uni, Belgique). Au tout début de la guerre, pendant que l'Allemagne prenait de l'avance en Europe, elle perd rapidement sa première colonie en Afrique, le Togoland (1914). Contrairement aux autres colonies allemandes en Afrique, la guerre n'y dura point. Et la victoire des Alliés ne s'est pas non plus fait attendre. Dès le début des offensives des Alliés au Togoland, le premier objectif était de détruire la station radio de Kamina[96] (localité située près d'Atakpamé), qui est très stratégique pour l'Allemagne.

---

[94] Nicoué GAYIBOR (éd.), *Histoire des Togolais : Des origines aux années 1960. Tome 3 : Le Togo sous administration coloniale*, Paris, Karthala-Presses de l'Université de Lomé, 2011, p. 72.

[95] Concernant ce premier conflit en Afrique, nous nous sommes inspirés des informations recueillies dans le livre de Lugan sur l'Afrique. B. LUGAN, *Histoire de l'Afrique,* pp. 663-686.

[96] La station radio de Kamina est une merveilleuse technique à cette époque. Elle relie directement le Togoland à l'Allemagne. N'eût été la guerre, elle devait être le poste à partir duquel Berlin pouvait

Dans l'actuelle Namibie où se trouvait une plus grande population allemande, la guerre a duré jusqu'en juillet 1915. Au Cameroun, la guerre a été un peu plus dure. Les Allemands étaient plus nombreux et disposaient d'une troupe plus nombreuse qu'au Togoland. Mais là aussi, malgré leur résistance, ils ont fini par être vaincus en février 1916. En revanche, dans le territoire de la future Tanzanie, la guerre a été plus sérieuse. Les Allemands ont pu tenir tête aux Alliés pendant toute la durée de la guerre ; et pour cause ! Ce territoire est un lieu bien stratégique et dispose de beaucoup d'atouts de par ses ressources et sa position géographique. En Afrique de l'Est, les combats ne s'arrêtent qu'avec le cessez-le-feu en Europe du 11 novembre 1918. Cependant comment expliquer qu'en Afrique de l'Ouest, le sort de la *Musterkolonie* ne se soit réglé qu'en quelques semaines ?

Le Togoland et la Première Guerre mondiale

En 1914, la *Musterkolonie* semblait une possession totalement allemande pour l'éternité. Un fonctionnaire allemand pouvait même s'exclamer au sujet des Togolais de l'époque en disant : « Allemands, devenus de vrais Allemands par la pensée et les sentiments »[97]. Et pourtant ! En peu de temps, tous les espoirs vont s'évanouir. Cette colonie qui vivait en paix va bientôt disparaître à tout jamais.

---

communiquer avec le reste du monde. Probablement que ç'aurait été un élément important dans la coordination de la guerre, qui aurait donné un grand avantage à l'Allemagne. Mais dès que les Allemands ont senti qu'ils ne pouvaient plus résister aux Alliés, ils ont détruit eux-mêmes la station radio dans la nuit du 24 au 25 août 1914. Cf. N. GAYIBOR (éd.), *Histoire des Togolais.* Tome 3, p. 71. B. LUGAN, *Histoire de l'Afrique,* p. 668.

[97] N. GAYIBOR (éd.), *Histoire des Togolais.* Tome 3, p. 71.

En effet, le Togoland n'est pas un vaste territoire par rapport aux autres possessions allemandes en Afrique. Du fait qu'il est une colonie plutôt d'exploitation, il n'y avait pas d'armée. Et même s'il existait une police, les Allemands, semblerait-il, n'ont jamais imaginé une guerre sur place. Avec les Britanniques de Gold Coast, ils entretenaient pourtant des relations amicales. Ce qui suscite, en 1912, ce souhait du gouverneur de Gold Coast s'adressant aux Allemands du Togoland : « quels que soient les événements en Europe, nous devons vivre en bons voisins. Sinon, les indigènes joueront vite le rôle du troisième larron, et tout serait perdu »[98]. Eh oui ! Malheureusement pour les uns et heureusement pour les autres, le rôle du troisième larron allait se jouer entre eux-mêmes[99].

La guerre s'était déjà déclarée en Europe entre les Alliés et la Triplice. Cependant, l'Allemagne ne souhaitait pas la voir arriver jusque dans les colonies. Et pourtant ! L'Allemagne est un des plus importants protagonistes de la guerre. Pour écarter la possibilité d'une éventuelle guerre dans les colonies, elle brandit, l'article 11 de l'Acte de Berlin :

> Dans le cas où une Puissance exerçant des droits de souveraineté ou de protectorat dans les contrées mentionnées à l'article premier et placées sous le régime de la liberté commerciale, serait impliquée dans une guerre, les Hautes Parties signataires du présent acte et celles qui y adhéreront par la suite s'engagent à prêter leurs bons offices pour que les territoires appartenant à cette Puissance et compris dans la zone conventionnelle de la liberté commerciale soient, du consentement de cette Puissance et de l'autre ou des autres parties belligérantes, placés pour la durée de la guerre sous le régime de neutralité et considérés comme appartenant à un État non belligérant ; les parties belligérantes renonceraient, dès lors, à

---

[98] N. GAYIBOR (éd.), *Histoire des Togolais.* Tome 3, p. 73.

[99] Même si avec les Français du Dahomey, les Allemands du Togoland n'avaient pas de relation particulière, ces derniers ne pouvaient pas imaginer une attaque venant de l'est.

étendre les hostilités aux territoires ainsi neutralisés, aussi bien qu'à les faire servir de base à des opérations de guerre[100].

Cependant, Paris et Londres restent sourds à cet appel. Leur objectif étant d'attaquer et de vaincre l'Allemagne sur tous les fronts possibles afin de l'affaiblir et de donner à l'opinion publique des raisons d'espérer. Même si au Togoland il n'y avait aucune armée et aucune présence militaire forte comme au Cameroun, en Namibie ou en Tanzanie, les atouts stratégiques du Togoland sont loin d'être négligeables. Avec une superficie d'environ 90 000 km^2, le pays disposait à cette époque déjà d'un bon réseau routier. En temps normal, la *Polizeitruppe* compte 550 mercenaires togolais que pouvait renforcer un nombre plus ou moins équivalent de réservistes. Environ 200 civils allemands pouvaient aussi être mobilisés en temps de guerre. Tout ceci aurait pu permettre une autodéfense, en attendant peut-être un renfort des troupes basées au Cameroun ou ailleurs. Mais le problème fondamental est tout autre. De fait, personne n'avait pensé à une guerre au Togoland. Les Allemands ne se sont pas apprêtés pour une guerre sur ce territoire. Et par conséquent, ils n'ont pas su ni l'affronter, ni la mener[101]. Par ailleurs, les premières victoires de l'Allemagne en Europe pouvaient rassurer les colonies : « le 29 juillet 1914, premier jour des combats dans les Balkans, Berlin envoya en Afrique un télégramme rassurant : la guerre resterait localisée et ne saurait concerner les colonies »[102]. Mais malheureusement, cela n'a pas été le cas. Déjà le soir même du 29 juillet 1914, Londres a demandé aux autorités d'Accra de se préparer à

---

[100] GRANDS TRAITES POLITIQUES. Acte général de la conférence de Berlin 1885, https://mjp.univ-perp.fr/traites/1885berlin.htm, consulté le 27/02/2020. B. LUGAN, *Histoire de l'Afrique,* p. 669.

[101] N. GAYIBOR (éd.), *Histoire des Togolais.* Tome 3, p. 73.

[102] N. GAYIBOR (éd.), *Histoire des Togolais.* Tome 3, p. 74.

un combat. De même au Dahomey, déjà vers midi, le commandant en chef, Jean Maroix, est avisé de mobiliser les troupes. Le 8 août 1914, à la surprise des Allemands, les Alliés ouvrent les hostilités au Togoland. Le sort du pays est réglé en moins d'un mois.

Trois semaines ont suffi pour vaincre les Allemands. Coincés entre l'armée britannique venant de l'ouest (Gold Coast) et l'armée française venant de l'est (Dahomey), les Allemands n'ont pas su mener la guerre. D'ailleurs, ils n'avaient pas tout l'équipement militaire nécessaire. La situation du Togoland devient alors problématique. Malgré des efforts diplomatiques, von Doering, alors gouverneur du Togoland, n'a pas réussi à convaincre les Alliées de reconnaître la neutralité du Togoland. Obligé de mobiliser la petite force de police, la résistance de von Doering n'a pas pu tenir devant les Britanniques et les Français qui attaquent de part et d'autre. De plus, de nombreux Togolais entraînés dans la guerre aux côtés des Allemands ont déserté, voyant les défaites allemandes et l'incapacité à obtenir une victoire. Face aux puissantes offensives britanniques et françaises, les Allemands ont dû capituler le 27 août 1914. Le Togoland tombe alors sous la domination franco-britannique. Mais, bien que les Allemands soient vaincus, les Alliées ont toléré la présence des missionnaires allemands qui ont continué, tant soit peu, leurs activités sous les nouveaux maîtres des lieux. Mais pour combien de temps ?

En novembre 1914, les nouveaux occupants du Togoland reçoivent l'ordre de faire partir tous les Allemands, y compris les missionnaires[103]. À la suite de quelques discussions, l'ordre de faire partir aussi les missionnaires est provisoirement annulé. Mais le 11 octobre 1917, arriva un message assez grave du commandant anglais qui était à Lomé : « mon père […], je vous ai appelé

[103] K. MÜLLER, *Histoire de l'Église catholique au Togo*, p. 90.

pour une affaire extrêmement grave [...]. J'en suis navré, mais croyez bien que je ne suis que l'exécuteur d'un ordre [...]. J'ai reçu ce matin un télégramme de Londres. Tous les missionnaires qui n'ont pas quarante-cinq ans doivent quitter le Togo »[104]. C'était le coup dur porté à la mission au Togoland. Entre fin 1917 et début 1918, les chrétiens, impuissants et les yeux larmoyants, devaient voir partir les derniers missionnaires du Togoland. Reviendront-ils ? Personne ne peut le dire à ce moment-là. Mais ce qui est évident, ce départ ne peut pas ne pas avoir des incidences sur la mission du Togoland. Les conséquences pour la mission sont bien lourdes. Mais avant de traiter de cela, il serait bien intéressant de voir d'abord comment la mission s'est déroulée pendant toute la période de la Première Guerre mondiale.

La mission pendant la période de la guerre (1914-1918)

À la veille de la Première Guerre mondiale (1913), le bilan de la mission au Togoland est positif. Le préfet apostolique, le père Schönig, note même avec joie que l'année a été, malgré tout, largement bénie de Dieu[105]. Malgré les difficultés liées à la mission[106], celle-ci a néanmoins atteint un niveau de développement remarquable. L'évangélisation à travers les stations missionnaires, la culture, les instructions, les écoles, l'apostolat de la santé, etc. sont en pleine croissance. Sur le plan matériel et spirituel, le labeur des missionnaires est perceptible. Selon l'analyse du père Müller, « les missionnaires avaient donc solidement implanté l'Église au Togo ; la vie chrétienne avec ses valeurs et ses exigences

[104] K. MÜLLER, *Histoire de l'Église catholique au Togo,* p. 92.

[105] K. MÜLLER, *Histoire de l'Église catholique au Togo,* p. 78.

[106] Il s'agissait de l'insuffisance des missionnaires, de l'élargissement de la mission et des tâches apostoliques, etc.

pouvait dès lors s'épanouir »[107]. La mission au vicariat apostolique du Togo a pris une telle ampleur, que lors de sa visite officielle en 1913, le duc de Mecklenburg est tombé en admiration devant le magnifique travail des missionnaires en faveur de la colonie allemande[108]. La mission du Togo peut se réjouir du nombre des chrétiens et de la pratique des sacrements. En 1913, la préfecture apostolique du Togo comptait au total 17 052 chrétiens, dont 1 235 mariages religieux. L'école reste un secteur de gros investissements. L'arrivée des Sœurs du Saint-Esprit avait permis d'ouvrir aussi des écoles pour l'éducation des filles. Avec un ensemble de 197 écoles, l'effectif scolaire de la mission togolaise comptait un total de 8 463 élèves (garçons et filles)[109]. Grâce à une imprimerie installée à Lomé, les manuels scolaires ne manquaient pas. Le Nouveau Testament et des livres de prières sont traduits en langue locale et imprimés. La revue *Mia holõ*[110], le catéchisme et l'histoire biblique sont lus par un bon nombre de chrétiens. Bref, la situation de la mission du Togoland prospérait quand éclate le conflit mondial[111]. Un retour sur les années de la guerre nous permet de nous rendre compte de ses effets néfastes sur la mission d'évangélisation au Togoland.

En arrivant au Togoland en 1892, les missionnaires de la SVD n'imaginaient pas y passer qu'un court séjour. Dès les débuts, ils se sont totalement donnés à cette mission. Mais la guerre a fini par ralentir tout effort de croissance et bientôt, le désespoir s'installe. Tout semble aller vers un échec de la mission. Mais il faut dire que bien que les

---

[107] K. MÜLLER, *Histoire de l'Église catholique au Togo*, p. 87.

[108] K. MÜLLER, *Histoire de l'Église catholique au Togo,* p. 78.

[109] Franziskus WÖLF, *Gruss aus der mission in Togo (Westafrika)*, 15 November 1916, p. 53.

[110] Expression Ewé qui veut dire : « notre ami ».

[111] K. MÜLLER, *Histoire de l'Église catholique au Togo*, pp. 75-79.

Allemands aient été vaincus au Togoland dès le début de la guerre en 1914, les missionnaires allemands sont restés encore pour un peu de temps. Mais de 1914 à 1917, tout allait se dégradant (*Tableau 1*).

En 1914, pendant les mois qui précèdent la guerre, on note une augmentation du nombre des chrétiens. La cathédrale de Lomé, construite en 1902, devient exiguë pour les fidèles qui viennent participer à la messe dominicale. À Kpalimé, on enregistre la construction de l'église du Saint-Esprit. Sur la côte, à Aného où une école est ouverte, les Sœurs intègrent leur nouvelle maison. De même à Alédjo, dernière fondation en 1913, deux écoles ont commencé leurs activités, même si les constructions ne sont pas encore totalement terminées.

Mais dès la fin de l'année 1914, les Allemands ne sont plus au contrôle de l'administration du Togoland. La situation devient donc difficile aux missionnaires allemands sous le gouvernement franco-britannique. Ainsi, déjà en 1915, le rapport est assez maigre. Selon le compte-rendu du vicaire apostolique, Mgr Wolf, « les pères ne peuvent plus s'occuper suffisamment de leurs chrétiens et de leurs catéchumènes ; certains postes leur sont même interdits. On apprend aussi que deux missionnaires ont été arrêtés, que les pères d'Aného sont cloîtrés dans leur maison »[112]. Tout cela a entraîné une baisse de la fréquentation des activités des églises et des écoles. En comparant les statistiques des années 1914 et 1915, les effets de la guerre sur la mission au Togoland sont bien remarquables. Le nombre des écoles en activité est tombé de 198 à 61. Par conséquent, le nombre des instituteurs a aussi diminué de 228 à 81 ; et naturellement celui des élèves de 7 911 à 2 759. Des 5 221 catéchumènes que compte la mission du Togoland en 1914, l'effectif est descendu à 1 873 en 1915. Cependant, bien que les effectifs allaient en

---

[112] K. MÜLLER, *Histoire de l'Église catholique au Togo,* p. 89.

decrescendo, il est pourtant intéressant de constater une augmentation du nombre de chrétiens. De 19 740 chrétiens en 1914, le nombre passe à 20 688 chrétiens en 1915. Un constat qui mérite une étude plus approfondie de cette période[113].

L'année 1916 n'est pas aussi extraordinaire par ses résultats. Mais toujours est-il que la mission perdait en nombre et en efficacité. Jusqu'ici, la santé des missionnaires ne fait pas encore défaut. Dans les villes occupées par les Français (Aného, Togoville, Porto-Séguro, Atakpamé, Alédjo), toutes les écoles sont fermées. En revanche, dans les parties sous domination britannique, les écoles continuent à fonctionner. Pour des raisons financières, les missionnaires ont dû fermer certaines écoles. La langue anglaise est introduite au cours complémentaire[114], tandis que le cours primaire garde encore l'allemand. L'école professionnelle de Lomé a continué aussi à fonctionner, de même que l'imprimerie. La situation était difficile, mais encore supportable. Les fidèles s'adonnaient encore à la pratique de leur vie chrétienne.

En 1917, le dernier rapport des missionnaires estime les catholiques à 22 128[115]. Cependant, il faut noter que ces années de guerre ont été bien éprouvantes pour les missionnaires. « Ils durent vivre encore plus pauvrement et fermer pas mal d'écoles pour des raisons financières »[116]. Pendant cette période de dures épreuves, l'aide des chrétiens n'a pas été négligeable. Le père Witte, pro-vicaire apostolique, a organisé une collecte de fonds qui leur a

---

[113] WÖLF Franziskus, *Gruss aus der mission in Togo (Westafrika)*, 3 dezember 1914, 14 dezember 1915, 15 November 1916.

[114] Le cours complémentaire constitue un niveau d'enseignement primaire supérieur.

[115] WÖLF Franziskus, *Gruss aus der mission in Togo (Westafrika)*, 6 Dezember 1918.

[116] K. MÜLLER, *Histoire de l'Église catholique au Togo*, p. 91.

permis de subsister[117]. Mais pour combien de temps encore ces missionnaires resteront dans cette situation difficile ? En 1917, soit trois ans après la victoire des Alliés sur les Allemands au Togoland, le moment jusque-là redouté arriva. Les missionnaires devraient partir pour ne plus jamais revoir le Togoland. Vers la fin de l'année 1917, lorsqu'est venu l'ordre de la déportation, tous les missionnaires de moins de 45 ans ont été déportés en Angleterre. Au début du mois de janvier 1918, tous les missionnaires qui restaient encore ont été à leur tour déportés. Les tractations pour le rapatriement de ces missionnaires ont été un travail laborieux que la secrétairerie d'État du Vatican, la *Propaganda Fide* et la Société du Verbe Divin ont dû affronter. Les missionnaires allemands ainsi expulsés du Togoland, les chrétiens ainsi « abandonnés », et le territoire ainsi divisé entre la France et l'Angleterre, qu'est-il alors advenu de la mission du vicariat apostolique du Togo ?

Conclusion

L'arrivée du christianisme dans la région de la côte des Esclaves s'inscrit dans le mouvement de la colonisation de cette partie de l'Afrique. Pour ce qui concerne le Togoland, les protestants sont les premiers missionnaires à semer l'Évangile du Christ. L'arrivée des missionnaires catholiques a été suscitée par un concert de désirs de l'Église, du gouvernement allemand et du petit nombre de catholiques qui existait déjà sur le territoire de la petite colonie allemande. Si les premières tentatives des pères de la Société des Missions Africaines basés au Dahomey n'a pas réussi, l'histoire reconnait que l'arrivée des missionnaires de la Société du Verbe Divin au Togoland marque la première période de l'évangélisation catholique

[117] K. MÜLLER, *Histoire de l'Église catholique au Togo,* p. 91.

du pays. Commencée timidement, la mission a pris de l'ampleur par la suite. Elle s'est rapidement développée. Les activités pastorales, scolaires et sanitaires constituent les véritables champs d'évangélisation des missionnaires. Voyant le développement spectaculaire de la mission, la sacrée congrégation de la *Propaganda Fide* éleva en 1907 la pro-préfecture du Togo au rang de préfecture apostolique. Et en 1914, la préfecture apostolique du Togo devient vicariat apostolique du Togo. Une croissance remarquable qui est la récompense d'un investissement en hommes et en moyens de la Société du Verbe Divin. Malheureusement, les péripéties de la Première Guerre mondiale ont bloqué l'évolution et l'avenir de cette mission. N'eût été l'événement de la guerre, que serait-elle devenue cette mission qui promettait tant d'espoir ? De toute façon, ce n'était plus le moment de s'attarder sur une telle question. Le Togoland, désormais passé sous la domination franco-britannique, est victime des conséquences de la Première Guerre mondiale. Les missionnaires allemands sont expulsés du pays. Et les œuvres tombent en ruine. Le tout nouveau vicariat apostolique, n'aura jamais vu son premier évêque, Mgr Franz Wolf (1876-1944)[118], qui s'apprêtait à regagner sa mission quand éclata la guerre. Le Togoland, finalement

[118] Le 16 mars 1914, le Togoland est érigé en vicariat apostolique. Franz WOLF, qui était déjà au Togoland comme missionnaire, est choisi comme le premier vicaire apostolique du Togo. Il retourne en Europe où il se fait ordonner évêque à Steyl (Pays-Bas) le 28 juin de la même année. La Première Guerre mondiale qui éclate juste un mois après son ordination ne lui a plus permis de retourner dans son vicariat. Mgr Wolf n'a plus jamais revu sa première mission. Par le fait que la mission du Togo a été finalement remise aux missionnaires Société des Missions Africaines, Mgr Wolf renonça en janvier 1921 à sa charge de vicaire apostolique du Togo. Le 24 novembre 1922, il a été nommé vicaire apostolique en Nouvelle-Guinée. http://www.catholic-hierarchy.org/bishop/bwolfr.html, consulté le 20/03/2020.

divisé entre la France et la Grande-Bretagne perd à jamais sa physionomie. Faut-il penser que c'est un échec géopolitique et un échec missionnaire ? Quoi qu'il en soit, cette situation n'a pas été facile à gérer au niveau politique (pendant la conférence de paix à Paris), et au niveau ecclésiastique avec la congrégation de la *Propaganda Fide*.

Le départ des missionnaires allemands, qui sont devenus des *persona non grata*, pose déjà la question de l'avenir de la mission du vicariat apostolique du Togoland. Que sont devenues toutes ces stations missionnaires fondées, les écoles, les églises ? Les chrétiens dont la foi est à peine née ? Ont-ils toute l'armure chrétienne pour vivre sans les missionnaires ? Qu'est devenue la pratique de cette foi catholique ? Bref, qu'est finalement devenu, le vicariat apostolique du Togoland ?

TROISIEME PARTIE

La période de la transition (1918-1921)

La Première Guerre mondiale a eu des conséquences importantes sur le Togoland. L'issue de cette guerre a déterminé l'avenir de ce pays. D'abord sous protectorat allemand, le Togoland passe sous domination franco-britannique. À la suite du partage du territoire du Togoland entre la Grande-Bretagne et la France, il n'en reste aujourd'hui que le territoire du Togo français. Une partie du Togoland étant assimilée au Ghana actuel. Le partage du Togoland entre les vainqueurs de la guerre a eu un impact considérable sur la politique du pays. La mission catholique a été aussi beaucoup affectée. Comment les faits politiques ont pu avoir des conséquences aussi majeures sur la mission de l'Église au Togoland ? En effet, du seul fait qu'ils sont Allemands, les missionnaires sont devenus indésirables sur le territoire occupé. Pris comme prisonniers de guerre, et contraints à la déportation, les missionnaires ont dû abandonner une œuvre en pleine floraison. Les circonstances qui ont entouré le départ des missionnaires, devenus *persona non grata*, suscitent ici une attention particulière.

À la suite du départ des missionnaires allemands, il fallait trouver la manière de continuer la mission de l'Église dans le vicariat apostolique du Togo. Et la *Propaganda Fide* était bien au courant des événements survenus au Togoland. Comment a-t-elle pu gérer cette situation ?

À partir de 1921, le vicariat apostolique du Togo est finalement confié à une nouvelle société missionnaire, la Société des Missions Africaines de Lyon. Cependant, du départ des derniers missionnaires allemands en janvier 1918 jusqu'à l'arrivée des missionnaires français en septembre 1921, comment la mission a-t-elle survécu ? Autant de questions qui méritent une analyse de la période transitoire (1918-1921) qui constitue la deuxième période de l'histoire de l'Église catholique du Togo.

Les conséquences de la Première Guerre mondiale au Togoland

Sur le plan géopolitique : le partage du Togoland

Au Togoland, la colonisation allemande n'a duré que 30 ans (1884-1914). Mais les Allemands ont su organiser le pays. Sur un territoire d'environ 90 000 km^2, l'organisation administrative de la colonie s'est beaucoup consolidée entre 1884 et 1914. Sous l'administration allemande, le territoire est divisé en deux grandes régions : le sud et le centre d'une part ; et le nord d'autre part[1]. Ces deux grandes régions s'organisent autour des cercles qui constituent les chefs-lieux des circonscriptions. Les postes secondaires sont à leur tour liés aux chefs-lieux de circonscription. Ainsi avons-nous pour la région du sud et du centre, cinq (5) cercles administratifs : Lomé-ville, Lomé-cercle, Aného, Misahöhoe[2] (auquel sont liés les postes secondaires de Ho et Kpando), et Atakpamé (avec Notsé comme poste secondaire). La région du nord est subdivisée en trois (3) cercles postes : Kété-Kratchi, Sokodé (avec le poste secondaire de Bassar), et Sansanné-Mango (auquel est lié le poste secondaire de Yendi).

---

[1] Sur la subdivision du territoire administratif du Togoland, la majeure partie des informations recueillies ici proviennent du livre de Tété Adjalogo sur le Togo. Cf. T. G. TETE-ADJALOGO, *De la Colonisation allemande au Deutsche-Togobund*, pp. 87-88.

[2] Misahöhoe constitue aujourd'hui la ville de Kpalimé.

Avant le déclenchement de la guerre, le territoire du Togoland s'organisait donc autour de ces huit cercles. Chaque cercle est dirigé par un commandant de cercle. Celui-ci est chargé de l'organisation du cercle et a entre ses mains les pouvoirs civil, militaire et judiciaire[3]. La capitale du Togoland se fixe à Lomé dès le 6 mars 1897. Les infrastructures routières, portuaires et ferroviaires sont plus ou moins développées pour l'époque. Un important réseau routier permettait une bonne circulation sur le territoire. En 1913, on comptait environ 1215 km de routes praticables. Le wharf de Lomé facilitait le transport maritime. Une importante réalisation des voies ferrées permettait le transport des produits d'exportation : la ligne du cocotier, Lomé-Aného (44 km) ; la ligne du coton, Lomé-Atakpamé (158 km) ; la ligne du cacao, Lomé-Kpalimé (119 km). Un important réseau de communication était aussi mis en place pour faciliter les échanges de messages[4].

À la suite de la défaite des Allemands au Togoland, ce pays qui jouissait déjà d'une certaine organisation administrative, territoriale et religieuse, a été partagé entre les Français et les Britanniques. Il y a eu deux partages. Le premier partage, qui était provisoire, porte sur les cercles. Mais au terme du second partage, le Togoland n'existera plus. Ce dernier partage va définir pour toujours la physionomie de l'actuel Togo.

Le premier partage survient immédiatement après la défaite allemande afin de décider de l'avenir immédiat du territoire occupé. C'est ainsi, le 27 août 1914, le commandant français Maroix et le lieutenant-colonel britannique Bryant se rencontrent à Atakpamé pour se

---

[3] T. G. TETE-ADJALOGO, *De la Colonisation allemande au Deutsche-Togobund*, p. 87. N. GAYIBOR (éd.), *Histoire des Togolais*. Tome 3, pp. 55-58.

[4] T. G. TETE-ADJALOGO, *De la Colonisation allemande au Deutsche-Togobund*, pp. 89-94.

partager le butin (*Carte 1*). Le partage s'est fait suivant les cercles où leurs armées respectives avaient vaincu les Allemands. Ainsi, aux Britanniques reviennent les riches terres de cacao du cercle de Misahöhoe, Kété-Kratchi, Lomé (la capitale) avec le wharf et le point d'aboutissement des trois lignes de chemin de fer ; et dans le nord, le poste secondaire de Yendi. Les Français prennent les cercles de Sansanné-Mango, Sokodé, Atakpamé, Anécho. Le 30 août 1914, un accord convenu à Lomé entre les gouverneurs du Dahomey et de Gold Coast entérine la répartition opérée à Atakpamé sur l'occupation et la gestion du territoire. Cet accord a reçu le 9 septembre l'approbation du gouvernement britannique et du gouvernement français[5]. La manière de gérer le territoire conquis paraissait donc claire :

> La condition juridique du territoire est alors celle prévue par le règlement annexé à la Convention IV de La Haye de 1917 disposant que "l'autorité du pouvoir légal ayant passé de fait entre les mains de l'occupant, celui-ci prendra toutes les mesures qui dépendent de lui en vue de rétablir et d'assurer autant qu'il est possible l'ordre et la vie publics, en respectant, sauf empêchement absolu, les lois en vigueur dans le pays"[6].

De fait, selon ces accords internationaux, aucun changement majeur ne devrait avoir lieu sur le territoire « ennemi » occupé avant la signature d'un traité de paix qui mettrait fin à la guerre[7]. Londres et Paris voulant se montrer comme de bons élèves devant les États-Unis, considérés comme pays neutre, tentent de respecter cette norme. Mais toujours est-il que les nouveaux occupants doivent trouver leur manière d'administrer le territoire conquis. Ainsi donc, la période de l'occupation franco-britannique a été régie par

---

[5] R. CORNEVIN, *Histoire du Togo*, p. 212.

[6] R. CORNEVIN, *Histoire du Togo*, p. 212. Il s'agit en fait de l'article 43 de la Convention IV de la Haye (1917).

[7] N. GAYIBOR (éd.), *Histoire des Togolais.* Tome 3, p. 101.

une administration militaire comme le note la convention de La Haye[8]. Les Français et les Britanniques se sont trouvés leur mode de faire au sein de ce territoire où devrait régner encore la législation allemande selon l'article 42 de la Convention IV de La Haye, cité plus haut. Chacun, de son côté, tentait d'administrer au mieux le nouveau territoire conquis[9]. Étant donné que la guerre n'était pas encore finie en Europe, Français et Britanniques géraient le territoire occupé dans le plus grand souci d'harmoniser leurs décisions. Donc tout se faisait dans la consultation. Des accords financiers vont permettre aux deux puissances de gérer le pays, étant donné que les parties les plus riches se trouvent dans les cercles qui sont revenus aux Britanniques. De toute façon, ce premier partage, bien que provisoire, laisse déjà entrevoir le cadre pour un partage plus définitif. Ce premier partage n'est donc qu'un simple arrangement en attendant une décision finale sur le sort qui sera réservé au Togoland à la fin de la guerre. Mais le prolongement de la guerre commence par inquiéter. Que faire de ce territoire qui nécessitait aussi des ressources

---

[8] Article 42 de la Convention de La Haye (1907) : Un territoire est considéré comme occupé lorsqu'il se trouve placé de fait sous l'autorité de l'armée ennemie. L'occupation ne s'étend qu'aux territoires où cette autorité est établie et en mesure de s'exercer. Cf. https://ihl-databases.icrc.org/applic/ihl/dih.nsf/Article.xsp?action=openDocument&documentId=A4BA7846F0FB8FF0C12563BD002BA3DD, consulté le 25/04/2020.

[9] Article 55 de la Convention de La Haye (1907) : L'État occupant ne se considèrera que comme administrateur et usufruitier des édifices publics, immeubles, forêts et exploitations agricoles appartenant à l'État ennemi et se trouvant dans le pays occupé. Il devra sauvegarder le fonds de ces propriétés et les administrer conformément aux règles de l'usufruit. https://ihl-databases.icrc.org/applic/ihl/dih.nsf/Article.xsp?action=openDocument&documentId=032C33B378BE49F0C12563BD002BA4C3, consulté le 25/04/2020.

humaines et financières pour son administration ?[10] Après cinq années d'occupation franco-britannique (1914-1919), une décision finale est prise en 1919 à la suite du Traité de Versailles. C'est le second partage.

Le 7 mai 1919, les Alliés[11] rendent officielle une décision prise la veille qui s'articule ainsi : « pour ce qui concerne le Togo et le Cameroun, la Grande-Bretagne et la France déterminent elles-mêmes le régime futur de ces colonies et le recommanderont à l'adoption de la Société des Nations »[12]. Le Traité de Versailles[13], signé le 28 juin 1919, vient préciser encore les choses. Selon ce traité, l'Allemagne perd toutes ses colonies en Afrique[14]. L'article

---

[10] Il faut dire que dès le 30 octobre 1914, en bons experts du jeu d'échecs, les Britanniques avaient déjà pensé à des solutions possibles au cas où la guerre en Europe déboucherait sur une victoire des Alliés : 1. La restitution du Togo aux Allemands ; 2. Le maintien du [premier] partage actuel du Togo entre la France et la Grande-Bretagne ; 3. Tout le territoire du Togo est cédé soit à la France ou à la Grande-Bretagne ; 4. Le Togo et le Dahomey seraient cédés à la Grande-Bretagne, en échange d'autres territoires attribués à la France. N. GAYIBOR (éd.), *Histoire des Togolais.* Tome 3, p. 157.

[11] Il s'agit du comité des quatre pays : la France, la Grande-Bretagne, l'Italie, les États-Unis.

[12] R. CORNEVIN, *Histoire du Togo*, p. 213.

[13] Le Traité de Versailles est un traité de paix signé le 28 juin 1919 à Versailles entre l'Allemagne et les Alliés. Ce traité venait mettre fin à la Première Guerre mondiale. L'Allemagne fut reconnue coupable et des sanctions lui avaient été infligées. Cf. Articles 227-230 du Traité de Versailles. *Traité de paix entre les puissances alliées et associées et l'Allemagne et protocoles signés à Versailles le 28 juin 1919*, Paris, Imprimerie nationale, 1919, p. 103.

[14] Article 22, du Traité de Versailles : 1. Les principes suivants s'appliquent aux colonies et territoires qui, à la suite de la guerre, ont cessé d'être sous la souveraineté des États qui les gouvernaient précédemment et qui sont habités par des peuples non encore capables de se diriger eux-mêmes dans les conditions particulièrement difficiles du monde moderne. Le bien-être et le développement de ces peuples forment une mission sacrée de civilisation, et il convient d'incorporer dans le présent pacte des garanties pour l'accomplissement de cette

119 de ce traité exige que « l'Allemagne renonce, en faveur des principales puissances alliées et associées, à tous ses droits et titres sur ses possessions d'outre-mer »[15]. C'est ainsi que le Togo a été officiellement confié à la France et à la Grande-Bretagne sous mandat de la Société des Nations. À la suite de ce Traité de Versailles, un accord franco-britannique est signé le 10 juillet 1919 à Londres au sujet du Togoland. Ce nouvel accord fixe les nouvelles frontières des possessions anglaises et françaises au Togo[16].

> La France reçoit, en plus de la zone qu'elle administre déjà, le cercle de Lomé, la subdivision centrale de Klouto (les subdivisions de Ho et de Kpando demeurent entre les mains britanniques) et une portion excentrique du cercle de Kété-Kratchi : la zone montagneuse de l'Adélé avec Yégué (et les ruines de l'ancien poste de Bismarckburg) cependant que la plaine Adélé avec Dadiassi est attribuée aux Anglais. Ainsi, comme le déclare à la tribune de la Chambre M. Henry Simon, ministre des Colonies « nous obtenons la partie principale du Togo, son entier front de mer, le port de Lomé et les voies ferrées qui en partent ». Les Britanniques conservent la zone de production de cacao[17].

C'est ainsi que le Togoland a subi définitivement son sort. Le territoire a été divisé en deux bandes longitudinales

---

mission. 2. La meilleure manière de réaliser ce principe est de confier la tutelle de ces peuples aux nations développées qui, en raison de leurs ressources, de leur expérience ou de leur position géographique, sont le mieux à même d'assumer cette responsabilité et qui consentent à l'accepter : elles exerceraient cette tutelle en qualité de mandataires et au nom de la Société. *Traité de paix entre les puissances alliées et associées et l'Allemagne*, p. 16.

[15] *Traité de paix entre les puissances alliées et associées et l'Allemagne*, p. 69.

[16] Ce dernier partage fut effectif sur le territoire en 1920. Cf. Documents concernant le départ de Lomé des Pères du Verbe Divin le 11 janvier 1918 et l'administration du Vicariat apostolique du Togo par S. E. Mgr Francis Ignatius HUMMEL, Vicaire apostolique de la Gold Coast et administrateur apostolique du Togo (1918-1921), AMA, 3N26, f. 34.

[17] R. CORNEVIN, *Histoire du Togo*, p. 215.

(*Carte 1*). La partie orientale (les deux tiers du territoire) revient à la France. Elle est appelée « Togo français ». Sa superficie s'étend sur environ 56 700 km^2. De 1919 à 1945, le Togo français a été un territoire confié à la France sous mandat de la Société des Nations. Après la Seconde Guerre mondiale, le Togo français passe sous la tutelle des Nations Unies (1945-1960). Il est toujours confié à la France. Mais le 27 avril 1960, il reçoit définitivement le nom de République du Togo en accédant à son indépendance politique.

La partie occidentale (le tiers du territoire) est concédée à la Grande-Bretagne. Elle prend le nom de Togo britannique. Elle a une superficie de 33 800 km^2. À la différence du Togo français qui a gardé son autonomie par rapport à la colonie française du Dahomey voisin, le territoire du Togo britannique a été administré comme une province de Gold Coast[18]. En 1956 elle est définitivement rattachée à la Gold Coast à la suite d'un référendum. Et en 1957, la Gold Coast, unie au Togo britannique, devient le Ghana en accédant à l'indépendance. La disparition du Togoland a eu des conséquences importantes sur la présence et l'activité des missionnaires allemands sur ce territoire. Pour administrer le territoire conquis, les Alliés ont écarté toute présence allemande.

Sur le plan ecclésiastique : le drame du départ des missionnaires allemands

Au début de la période de l'occupation franco-britannique (1914-1919), les vainqueurs ont toléré la présence des Allemands. Bien qu'un peu plus limités et sous domination, ces derniers continuaient à exercer leurs activités sur le territoire. Les relations entre les Allemands

---

[18] N. GAYIBOR (éd.), *Histoire des Togolais*. Tome 3, p. 283.

du Togoland et les nouveaux occupants n'étaient pas dominées par la haine. Cependant, les Allemands étaient tout de même considérés comme des prisonniers de guerre[19]. Mais pour combien de temps resteront-ils dans cette situation ? De toute façon, avec le temps, ils commencent par devenir des éléments encombrants. Comment se "débarrasser" de ces prisonniers de guerre ? Déjà quelques jours après la victoire sur les Allemands, le gouverneur britannique Henry Clifford (1866-1941) se préoccupait de la question. Dans un message télégraphique du 29 août 1914 envoyé à Londres à partir de Lomé, il s'exprime en ces termes :

> Actuellement, sont prisonniers de guerre, ici ou en Gold Coast, 250 Allemands, y compris le gouverneur par intérim, 22 hauts fonctionnaires et 29 femmes. 213 d'entre eux ont été installés à bord d'un vapeur de la compagnie Elder Dempster, l'Obuasi, qui est en rade ici depuis le 13 août. Les conditions sanitaires et politiques rendent leur déportation impérative. Puis-je affréter l'Obuasi pour les conduire en Angleterre ? Il serait opportun que l'Amirauté nous envoie un navire de guerre pour les emmener, car, avec un si grand nombre de gens sur l'Obuasi, on pourrait courir quelques risques de mutinerie[20].

Mais pour l'heure, la métropole anglaise est plus préoccupée par la guerre qui se déroulait surtout en Europe. Du côté français, le gouverneur-général de l'Afrique occidentale française William Ponty (1866-1915), tente aussi de déporter vers la France un « millier d'Austro-Allemands arrêtés dans les colonies françaises et regroupés surtout à Louga, au nord du Sénégal, situation qu'il qualifie dans un télégramme du 7 octobre de "difficile et onéreuse" »[21]. La réponse de Paris est un peu déconcertante : « cet envoi (...) semble inutilement dispendieux, alors que les lieux d'internement dans la

[19] N. GAYIBOR (éd.), *Histoire des Togolais.* Tome 3, p. 114.
[20] N. GAYIBOR (éd.), *Histoire des Togolais.* Tome 3, p. 114.
[21] N. GAYIBOR (éd.), *Histoire des Togolais.* Tome 3, p. 115.

métropole sont de plus en plus encombrés »[22]. Cependant, pour remédier au problème, le ministre des Affaires étrangères de l'époque, Gaston Doumergue (1863-1937), émet une idée : « il y a un intérêt politique à montrer aux populations indigènes les prisonniers employés comme travailleurs […], pour manifester notre puissance et matérialiser nos succès. Vous conserverez donc au Dahomey, au Sénégal et d'autres régions d'Afrique occidentale à votre choix, la plus grande partie de vos prisonniers »[23]. Ainsi à partir de septembre 1914, en attendant leur déportation vers l'Europe, les prisonniers de guerre avaient finalement plusieurs destinations : Accra, Koumassi, Porto-Novo, Gaya (sur le territoire du Niger)[24]. Déjà en mars 1915, presque tous les Allemands étaient déportés. Il ne restait que les missionnaires catholiques et protestants[25]. Et pour cause !

En effet, quand les nouveaux occupants du Togoland avaient reçu l'ordre de faire partir tous les Allemands, les missionnaires y compris, devant la vive protestation des Togolais, l'ordre a été provisoirement annulé[26]. Les missionnaires ont continué leurs activités pour quelques années encore, même s'ils ne jouissaient pas de toute la liberté désirée. Par ailleurs, il faut dire aussi que « la reddition des Allemands comportait une clause particulière relative aux missionnaires : la mission catholique et la mission protestante restent dans le pays et continuent leur travail »[27]. Mais leurs activités et déplacements devenaient de plus en plus restreints et contrôlés. Au nord, dans la mission d'Alédjo, qui se situe dans la zone française, les

---

[22] N. GAYIBOR (éd.), *Histoire des Togolais.* Tome 3, p. 115.
[23] N. GAYIBOR (éd.), *Histoire des Togolais.* Tome 3, p. 115.
[24] N. GAYIBOR (éd.), *Histoire des Togolais.* Tome 3, p. 115.
[25] K. MÜLLER, *Histoire de l'Église catholique au Togo*, p. 92.
[26] K. MÜLLER, *Histoire de l'Église catholique au Togo*, pp. 90-91.
[27] K. MÜLLER, *Histoire de l'Église catholique au Togo*, p. 90.

missionnaires sont restés trois ans sur place, privés de leurs ressources. Empêchés de circuler librement, ils se dédient à l'étude de la langue locale et à la rédaction d'un catéchisme et de l'histoire sainte en langue Tem. Le 10 avril 1917, ils sont ramenés à Atakpamé sur l'ordre du commandant français[28].

Dans le sud et moyen Togo, les œuvres se dégradent, même si les chrétiens continuaient à participer aux offices liturgiques. Toutes les écoles de la zone française sont fermées. Tout se dégradait sous les yeux des missionnaires impuissants. C'était un véritable moment de désolation. Le temps passait et les missionnaires allemands se préparaient au pire. Mais leur départ du Togo n'était pas pour autant imminent dans leurs calculs. Le 28 août 1917, la mission catholique du Togo célébrait son jubilé d'argent (1892-1917). C'est un jour solennel qui a été fêté dans une grande allégresse, même si les missionnaires le voulaient moins grandiose en raison de la guerre et des nouvelles conditions d'occupation franco-britannique. Et à la suite de la célébration de ce jubilé, les missionnaires devraient mettre un point final à leur mission dans le pays. La fin de l'année ne devrait plus les retrouver au Togo. Les Britanniques et les Français ayant décidé de leur sort.

D'abord divisés sur la question de la déportation des missionnaires ou de leur maintien dans la colonie, Londres et Paris finissent par trouver une solution : il est temps de se "débarrasser" aussi des missionnaires allemands. Les raisons sont les suivantes : imprudences répétées de la part de ces étrangers tolérés, communications avec l'ennemi[29] (que cela soit vrai ou faux), et d'autres raisons ou soupçons. Pour cela, il a été alors convenu que tous les sujets allemands et tous ceux qui parlent et agissent comme eux

---

[28] Jean-Marie CESSOU, Rapport quinquennal 1925, AMA, 2D3, ff. 12-13.

[29] Il s'agit ici des communications des Allemands avec leur pays.

devraient être déportés sans tarder[30]. Selon un des missionnaires, le jour du 11 octobre 1917 est gravé dans leur mémoire, comme le jour le plus sombre des annales de la mission[31]. Ce jour-là, vers la fin de la matinée, le père Witte, pro-vicaire apostolique, a été urgemment convoqué chez le commandant anglais qui se trouvait en ce moment à Lomé. Le message est assez grave :

> Mon père, lui dit le commandant, je vous ai appelé pour une affaire extrêmement grave… J'en suis navré, mais croyez bien que je ne suis que l'exécuteur d'un ordre… J'ai reçu ce matin un télégramme de Londres. Tous les missionnaires qui n'ont pas quarante-cinq ans doivent quitter le Togo. Ils seront dirigés sur l'Angleterre. J'ai réussi à garder les Pères plus âgés et les religieuses. Les pères et les frères qui habitent Lomé se présenteront dans deux heures ; le bateau les attend dans la rade. À une heure, un officier viendra examiner les papiers et les bagages. […] Je vous avise que les missionnaires sont considérés comme prisonniers de guerre. J'ai envoyé les mêmes ordres dans l'intérieur du pays. Je voudrais éviter des complications pénibles et j'espère que les missionnaires ne feront pas de difficultés[32].

Les missionnaires ne s'y attendaient pas. Non seulement ils doivent être déportés ; mais ils sont même devenus des prisonniers de guerre et doivent être traités comme tels. En peu de temps, la nouvelle se répand dans toute la ville de Lomé. Le père Gehring, un des missionnaires qui avait vécu l'événement décrivait ainsi la situation :

> C'était le 11 octobre 1917. Cela faisait déjà trois ans que notre colonie le Togo était sous occupation franco-britannique. Toutefois nous, missionnaires, pour autant qu'il fût possible, nous avions continué tranquillement à mener nos activités apostoliques. Malheureusement, tout à coup vers le midi arriva un ordre précis de l'autorité militaire : *tous les pères, frères et sœurs allemands doivent quitter le Togo. À deux heures de l'après-midi, le premier groupe*

---

[30] Mgr Hummel, Lettre au cardinal Serafini, 21 février 1918, APF, N.S., Vol. 636, An. 1919, R. 143, f. 62.

[31] K. MÜLLER, *Histoire de l'Église catholique au Togo*, p. 92.

[32] K. MÜLLER, *Histoire de l'Église catholique au Togo*, p. 92-93.

> *doit être sur le port*. À Lomé, la capitale, on allait manger quand arriva le message. Dans l'émotion et la douleur, aucun de nous n'avait même pas pu prendre une bouchée. Même les mots n'arrivaient pas à sortir de la bouche. Le cœur se serrait et chacun facilitait la respiration avec les larmes. Nous devrions alors abandonner nos brebis, pour lesquelles, il y a longtemps, nous avons laissé nos parents et notre patrie. C'était invraisemblable. Nos chrétiens se mirent à pleurer parce que leurs pères étaient pris du milieu d'eux. Même les païens versèrent des larmes[33].

Le départ des missionnaires a été une scène très émouvante. Le père Müller, dans son livre, revient sur les détails de l'événement qui a marqué les missionnaires.

> Un quart d'heure plus tard tout le monde savait que, dans quelques heures, le troupeau allait se trouver sans bergers. La population accourut à la Mission pour voir une dernière fois les missionnaires, pour leur serrer la main, pour recevoir une dernière bénédiction. À deux heures, les officiers arrivèrent pour les formalités prévues. Puis on accorda un délai de trois quarts d'heure aux « prisonniers » qui purent manger rapidement quelque chose avant de partir. Les dernières minutes se passèrent à l'église. Les cloches avaient appelé tout le monde pour les adieux. On devine l'émotion de ces instants,

[33] Notre traduction du texte allemand. GEHRING, « Wiederbegegnung nach 21 Jahren », in *Steyl Chronik*, Bail 5, n°8, juin 1939, p. 377-378: « Es war am 11. Oktober 1917. Unsere Togokolonie in Westafrika war bereits drei Jahre lang von England und Frankreich besetzt. Wir Missionare jedoch gingen, soweit als möglich, immer noch friedlich unserer apostolischen Tätigkeit nach. Da kam plötzlich un die Mittagsstuned der gemessene Befehl der Militärbehörde: Alle deutschen Patres, Brüder und Schwestern müssen Togo verlassen. Um 2 Uhr hat die erste Truppe am Strande zu sein. Wir wollten uns in Lome, der hauptstadt, gerade zu Tisch setzen, als die Botschaft einlief. Keiner von uns konnte vor Erregung und Schmerz noch einen Bissen hinunterbringen. Selbst die Worte stockten im Munde, das Herz krampfte sich, und jeder hätte sich gerne durch Tränen das Atmen erleichtert. So sollten wir also unsere Schäflein verlassen, um derntwillen wir einst von Vater und Mutter und Heimat geschieden. Der Gedanke war nicht zu bewältigen. Unsere schwarzen Christen weinten sich aus. Selbst Heiden vergossen Tränen; denn ihre "Vater" wurden ihnen genommen ».

de cette bénédiction que chaque père donnait à tous les chrétiens dans un silence où l'on n'entendait que les sanglots de la foule. Tous les chrétiens accompagnèrent les missionnaires jusqu'au port en chantant et en pleurant. Les missionnaires des autres stations s'embarquèrent le 25, le 26 octobre et le 4 novembre. Les scènes d'adieux ne furent pas moins déchirantes qu'à Lomé[34].

Entre octobre et novembre 1917, 80 missionnaires dont 32 prêtres, et 12 frères, ont été déportés en Angleterre[35]. C'est un coup dur porté à la mission. Entre fin 1917 et début 1918, les chrétiens, impuissants et les yeux larmoyants, ont vu partir leurs missionnaires du Togoland. Dès le 10 janvier 1918, il n'existait plus de missionnaires allemands au Togo[36]. Tous, pères, frères, sœurs, furent déportés. Les nouveaux chrétiens, qui avaient vu leurs missionnaires se déployer pour eux, se trouvent dès lors comme des « brebis sans berger ». Qu'adviendra-t-il alors d'eux et de la mission ? Qui pourrait prendre soin de ce territoire désormais bicéphale ?

À qui revient la mission du Vicariat apostolique du Togo ?

Le 10 janvier 1918, les derniers missionnaires allemands ont quitté le pays. Mais le vicariat apostolique du Togo va-t-il rester sans missionnaires ? Comment les chrétiens togolais peuvent-ils continuer à rester fidèles à leur foi sans les missionnaires ? Ont-ils déjà une foi assez mûre et solide qui puisse leur permettre de continuer leur vie chrétienne sans dévier du christianisme ?

---

34 K. MÜLLER, *Histoire de l'Église catholique au Togo*, p. 93.

35 K. MÜLLER, *Histoire de l'Église catholique au Togo*, p. 93.

36 Nous aimerions préciser ici qu'en 1914, les Allemands avaient été déportés du Togoland, mais que les missionnaires allemands y sont restés. Ceux-ci furent déportés eux aussi plus tard. En octobre 1917, tous les missionnaires de moins de 45 ans ont été déportés vers l'Angleterre. Entre décembre 1917 et janvier 1918, tous les autres missionnaires qui restaient encore ont été expulsés eux aussi.

En quittant le pays, le père Witte, pro-vicaire, semble avoir mis en place quelques structures qui devraient aider les chrétiens. Lui-même en donne quelques détails : « dans chaque station importante, nous avions constitué depuis quelque temps une commission scolaire catholique qui prend en charge les écoles. L'avenir semble matériellement assuré, d'autant plus que les maîtres indigènes se sont engagés à rester à leur poste »[37]. Pour ce qui concerne les offices religieux, des laïcs sont chargés de s'en occuper parce que les missionnaires allemands sentaient déjà qu'il sera difficile de compter sur la présence des prêtres des vicariats du Dahomey et de la Gold Coast. Néanmoins comment mieux organiser les choses afin d'assurer une certaine présence de missionnaires pour gérer l'Église et les écoles en attendant ?

Il faut dire que, dans les mois qui ont suivi la célébration du jubilé d'argent de la mission (28 août 1917), le père Witte pressentait déjà que leur déportation pourrait arriver d'un moment à l'autre. À la suite des premiers départs de ses confrères, il adresse le 16 décembre 1917 ce message à Mgr Steinmetz, vicaire apostolique du Dahomey : « il semble bien que la mission du Togo sera orpheline dans très peu de temps. J'aimerais vous transmettre la juridiction sur toute la partie française du pays, et vous pourrez vous-même déléguer cette juridiction à vos missionnaires »[38]. Le 19 décembre, il adresse une lettre semblable au père Reymann, supérieur de la mission de Kéta[39] :

---

[37] K. MÜLLER, *Histoire de l'Église catholique au Togo*, p. 94.

[38] K. MÜLLER, *Histoire de l'Église catholique au Togo*, p. 99.

[39] Il frappant de constater que le pro-vicaire n'ait pas adressé la lettre à Mgr Hummel, vicaire apostolique de Gold Coast, mais plutôt au supérieur de la mission de Kéta. Le commandant anglais de Lomé fera aussi la même remarque en refusant d'autoriser l'envoi d'un message au pape. Il faut dire en effet qu'entre ces deux personnes (Witte et Hummel), il y avait quelques différends.

Il se peut que dans quelques jours, le Togo ne possède plus un seul prêtre. Je vous donne la juridiction à vous et aux pères Heck et Erhart sur la partie anglaise de notre vicariat apostolique et je souhaite que vous en fassiez largement usage. Tout est à votre disposition, cela va sans dire, y compris les quêtes du dimanche, pour la durée de votre ministère à Lomé ou dans un autre poste. Vous comprendrez que j'écris ces lignes sans connaître les mesures que Rome prendra au sujet du Togo[40].

Le 27 décembre, le père Witte envoie aussi un message au pape Benoît XV sur la situation qui prévalait au Togoland : « nous sommes tous expulsés. J'ai délégué Mgr Steinmetz pour la partie française. Pour la partie anglaise, j'ai pensé que je ne devais déléguer que trois pères de Lyon. Votre Sainteté fera le nécessaire pour les autres problèmes »[41].

C'est ainsi que se présentait, avant le départ des derniers missionnaires allemands, la manière de gérer le territoire, la partie française comme la partie anglaise, avant de savoir ce que la *Propaganda Fide* en décidera. Le père Witte se préoccupait de ce qui adviendrait de la mission sans savoir non plus ce qui se passait de l'autre côté de la frontière. En effet, déjà le 13 décembre[42], le gouverneur colonial de Gold

---

[40] K. MÜLLER, *Histoire de l'Église catholique au Togo*, pp. 99-100.

[41] K. MÜLLER, *Histoire de l'Église catholique au Togo*, p. 100. Selon le livre du père Müller, ce télégramme n'a pas été envoyé. Étant donné que les messages sont censurés avant d'être envoyés, le commandant anglais Rew, qui était à Lomé, n'a pas autorisé l'envoi du message car il se demandait pourquoi les dispositions sont différentes d'une zone à l'autre. Le père a dû donc reformuler son message qui était en latin ; le message modifié est écrit en anglais : « we all brought away. What to be done. Must I appoint commissaires. Witte. » Ce télégramme est daté du 28 décembre. Mais on ignore s'il est vraiment parvenu au pape.

[42] Bien avant que le père Witte ne commence par écrire pour confier la mission à Mgr Steinmetz et au père Reymann, le gouverneur colonial de Gold Coast, un catholique, pensait, lui aussi, déjà au soin spirituel des chrétiens togolais.

Coast, Sir Clifford, a adressé un télégramme à Mgr Hummel : « je désire vous informer que le gouvernement de sa Majesté a ordonné la déportation des quatre derniers missionnaires allemands qui restent encore dans la sphère britannique du Togo. Je serais bien aise de savoir si votre mission pourrait être d'une assistance temporaire à la population catholique du Togo pour qu'elle ne reste pas sans prêtre »[43]. À la suite de ce message, après discussion avec le gouverneur anglais, Mgr Hummel envoie le 5 janvier 1918, ce télégramme au cardinal Serafini (1852-1918), alors préfet de la *Propaganda Fide* : « Missionnaires Togo tous déportés. Daignez nommer administrateur territoire anglais. Chrétiens demandent. Gouvernement est d'accord »[44]. En janvier 1918, Mgr Hummel se trouvait déjà à Lomé[45]. Il s'y est rendu pour rencontrer le père Witte. Comme cela peut bien s'imaginer, sa rencontre avec le pro-vicaire n'a été qu'une suite de malentendus. Dans sa lettre du 21 février 1918 au cardinal Serafini, Mgr Hummel déplore le comportement du père Witte :

> Avec l'avis très favorable du gouvernement et son approbation je me suis rendu à Lomé, chef-lieu du Togo dans l'espoir de pouvoir arranger les affaires de la mission avec le R.P. Witte, pro-vicaire apostolique. Il n'en fut rien, car ce père ainsi que son conseil ne pouvaient ou ne voulaient se rendre compte de la situation et au lieu de songer à mettre leurs propres affaires en ordre, on causait de

---

[43] Mgr Hummel, Lettre au cardinal Serafini, 21 février 1918, APF, N.S., Vol. 636, An. 1919, R. 143, ff. 62-63.

[44] Mgr Hummel, Télégramme au cardinal Serafini, N.S., Vol. 636, An. 1919, R. 143, f. 43.

[45] À son arrivée à Lomé, Mgr Hummel ne séjourna pas à la mission, mais plutôt chez le commandant anglais. Cela donne l'impression que les affaires politiques déterminaient les attitudes au sein des missions. En ce moment où des coreligionnaires avaient peut-être besoin de réconfort, c'était comme si une barrière officielle se dressait entre les ressortissants des pays ennemis. K. MÜLLER, *Histoire de l'Église catholique au Togo*, pp. 100-101.

> politique, on blâmait les gouvernements en un mot on s'occupait de tout hormis de la question religieuse du vicariat. J'ai fait de mon mieux pour faire comprendre à la mission qu'il était de leur devoir d'assurer dans les limites du possible l'administration des chrétientés du vicariat comme aussi l'administration des biens de la mission. Le seul mode à mon avis de régler la situation était de confier aux vicaires apostoliques voisins les deux portions du Togo, anglais et français. On ne voulait rien entendre de ce genre. Là-dessus j'ai demandé si oui ou non la mission avait saisi Rome de la situation, on ne l'avait pas fait encore et on ne trouvait guère nécessaire de le faire. Sur mon insistance un câble fut rédigé, mais la composition en fut telle que le gouvernement ne put l'accepter. Nouvelles tergiversations, puis un second câble fut rédigé, d'une composition peu en accord avec le droit canon. Je ne sais si ce dernier câble fut ou non transmis à destination[46].

Tout compte fait, déjà le 11 janvier 1918, la réponse de Rome parvient à Mgr Hummel. Le télégramme signé par le cardinal Gasparri (1852-1934), alors secrétaire d'État de la Cité du Vatican, informe le vicaire apostolique de Gold Coast qu'il est chargé de l'administration provisoire de la mission du Togo[47]. Le jour où Mgr Hummel s'est rendu à Lomé pour sa première messe comme administrateur, il a été impressionné par le nombre de chrétiens qui ont communié. Au cours de cette messe, il annonce aux chrétiens la décision de Rome et ce que le gouvernement anglais tente de faire pour eux. Il les exhorta à ne pas oublier les missionnaires allemands. Il les a invités à ne pas penser à Pierre ou à Paul, mais plutôt au Christ et à l'Église.

Bien que tout le vicariat apostolique du Togo fût confié à l'administration de Mgr Hummel, sur le terrain, le partage politique a entraîné quelques réaménagements sur le plan

---

[46] Mgr Hummel, Lettre au cardinal Serafini, 21 février 1918, APF, N.S., Vol. 636, An. 1919, R. 143, f. 63.

[47] Documents concernant le départ de Lomé des pères du Verbe Divin le 11 janvier 1918 et l'administration du vicariat apostolique du Togo par S. E. Mgr Francis Ignatius HUMMEL, vicaire apostolique de la Gold Coast et administrateur apostolique du Togo (1918-1921), AMA, 3N26, f. 2.

ecclésiastique. À la charge de Mgr Steinmetz, vicaire apostolique du Dahomey revenaient les paroisses de la partie française : Aného, Atakpamé, Tahasi, Togoville, Tsévié, Alédjo. Le vicaire apostolique de la Gold Coast devrait s'occuper de Lomé, Assahoun, Kpalimé, Adéta, Kpando, Ho, Bla, Agou[48].

Dans la zone anglaise, les missionnaires sont évidemment de langue anglaise. Ils y ont été envoyés par Mgr Hummel qui tentait de répondre au mieux aux exigences de cette mission. Dans la partie française, Mgr Steinmetz s'efforça aussi de son côté d'assurer aux chrétiens les services requis. Les deux vicaires apostoliques à qui revenait la mission du vicariat apostolique du Togo avaient fait de leur mieux. Mais malgré tout ce qu'ils ont pu faire, il était bien difficile de combler le vide laissé par les missionnaires allemands. Les années de la transition (1918-1921) n'ont guère été glorieuses, même si le travail des deux vicaires apostoliques est à féliciter. Bref, le travail apostolique de la mission était réduit au service minimum.

La gestion de la mission du vicariat apostolique du Togo

La mission réduite au service minimum

La période de la transition (1918-1921) constitue cet intervalle de temps compris entre le départ des derniers missionnaires allemands (janvier 1918) et l'arrivée des premiers missionnaires français (septembre 1921), envoyés par la *Propaganda Fide*. En réalité, après le départ des missionnaires allemands, la *Propaganda Fide* n'a pas pris autre disposition que de maintenir le *statu quo* du vicariat

[48] Il faut rappeler que cette répartition de 1914 n'était que provisoire. Mais ce problème territorial va être réglé à la suite du partage définitif entre Paris et Londres le 10 juillet 1919. L'Église en fera de même en divisant le vicariat du Togo en deux : vicariat de la Volta (le Togo britannique) et vicariat du Togo (le Togo français).

apostolique du Togo. Même si l'armistice du 11 novembre 1918 allait mettre fin à la guerre, il était trop tôt pour décider du sort apostolique du territoire de ce vicariat ballotté entre les Anglais et les Français. Étant donné que dans la plupart des cas, les frontières des territoires des missions coïncidaient avec celles des colonies, la situation du Togo était un peu complexe. Sur ce territoire d'environ 90 000 km^2, les missionnaires anglais et français, venus de la Gold Coast et du Dahomey, devraient se partager la mission dans les villes respectivement occupées par les armées anglaises et françaises. Toutefois est-il possible de pouvoir répondre totalement aux exigences de la mission du vicariat du Togo ? En analysant les rapports statistiques retrouvés dans les archives de la maison généralice de la Société du Verbe Divin à Rome, on peut se rendre compte de la situation qui prévalait au sein de la mission du Togo pendant la période de la transition[49]. De 1914 à 1917, année où est déportée la plus grande partie des missionnaires allemands, les statistiques montrent bien comment l'état de la mission dégringolait (*Tableau* 2).

Selon ces statistiques, l'effet de la guerre est bien visible. Les chiffres en disent long sur l'état de la mission. Cela montre d'ailleurs comment la mission s'est dégradée et affaiblie. La diminution des ressources pendant la guerre, et surtout pendant la période de la transition, a provoqué des défections au sein du personnel enseignant, parce qu'ils ne sont plus payés comme d'habitude. Le catéchuménat étant, pour la plupart du temps, lié à l'école[50], les conséquences sont désastreuses. Cette situation a fait chuter non seulement le nombre des instituteurs, mais aussi celui des

---

[49] Franziskus WÖLF *Gruss aus der mission in Togo (Westafrika)*, 15 November 1916, 8 dezember 1917, 18 dezembre 1917, 6 dezember 1918.

[50] C'est à l'école que les élèves reçoivent les instructions pour la préparation aux sacrements d'initiation.

élèves et donc des catéchumènes. Par ailleurs, déjà avant le départ des missionnaires allemands, le travail apostolique se réduisait aux stations principales. Étant donné que les missionnaires n'étaient pas libres de circuler, les stations secondaires ont été presque abandonnées. Pendant le temps de la transition, la situation a été plus dramatique. Dans ce territoire du Togoland divisé en deux, les forces missionnaires se sont amoindries. La manière de gérer la partie anglaise différait aussi un peu du mode d'administrer la zone française.

Par ailleurs, en quittant le Togo, les missionnaires allemands ont laissé une population d'environ 22 400 catholiques, dont 18 107 dans la zone française et 4 293 dans la zone anglaise[51]. Il est évidemment impossible de couvrir tout le territoire, de Lomé jusqu'à Alédjo[52]. Et par conséquent, de 1918 à 1921, ceux qui étaient chargés du vicariat apostolique du Togo ont eu du mal à continuer l'œuvre immense laissée par les missionnaires allemands.

Dans la partie anglaise, le père Reymann était supérieur de la mission, tandis que le père Erhart était chargé de l'intérieur du pays. Le père Goeller, pour sa part, s'occupait de l'École professionnelle. « L'école de Lomé reprit le 28 janvier 1918 avec le père Riebstein comme directeur, A. John Doe comme maître principal et un groupe de treize instituteurs. On adopta le système scolaire anglais. Trois religieuses venues de la Côte de l'Or s'occupaient de l'école des filles »[53]. Malgré leur petit nombre, les pères ont pu rouvrir treize écoles ; même si beaucoup d'autres écoles, surtout celles des villages, sont restées fermées. Les

---

[51] Mgr Jean Marie CESSOU, Sermon pour l'ouverture du Jubilé de la mission du Togo (1892-1942), AVD, N°903, Togo Mission (1917-1955).

[52] Alédjo est la dernière station fondée par les missionnaires allemands en 1913, juste avant la guerre.

[53] K. MÜLLER, *Histoire de l'Église catholique au Togo*, pp. 103-104.

statistiques de la mission en 1918 sont bien maigres en comparaison à l'état de la mission au temps des missionnaires allemands (*Tableau 3*).

Cependant, malgré la situation qui prévalait, les pères avaient repris les activités avec un personnel togolais. Très vite, les activités scolaires, qui sont un point essentiel de l'évangélisation, ont repris vie. Les écoles primaires ont repris leurs activités avec des effectifs encourageants : 924 élèves en 1918, 1 104 en 1919 et 1 228 en 1920[54]. Mais, la carence des ressources, surtout financières, ne permettait pas de payer convenablement les instituteurs et les catéchistes. Cela a donc provoqué de nombreuses défections dans les rangs des instituteurs et catéchistes. À cause du manque de ressources, l'entretien des bâtiments devient quasi impossible.

Malgré toutes les difficultés rencontrées, la partie anglaise semble avoir été mieux administrée. Dans le domaine scolaire par exemple, le père Müller affirme que « les autorités anglaises se plaisaient à y reconnaître aussi bien la qualité de l'enseignement que le nombre des élèves »[55]. D'ailleurs, les plus grandes œuvres sont dans la partie anglaise. Mais s'ils n'ont été que cinq prêtres à y travailler pour tenter de redonner une certaine vie à l'œuvre missionnaire entreprise depuis 1892 par les missionnaires allemands, dans la zone française, c'était un peu différent.

Pendant la même période de la transition, du vicariat apostolique du Dahomey sont arrivés les pères Bauzin et Schuh pour administrer la partie française. Dans cette partie sous le contrôle français, il a été difficile de reprendre les écoles. Elles étaient toutes fermées. Et le nombre bien réduit des prêtres a été bien désavantageux pour cette partie du vicariat du Togo. Cela empêchait bien de fidèles à

---

[54] K. MÜLLER, *Histoire de l'Église catholique au Togo*, p. 105. Il faut noter qu'en 1917, le nombre total des élèves s'élevait à 2 962.

[55] K. MÜLLER, *Histoire de l'Église catholique au Togo*, p. 105.

recevoir les sacrements dans plusieurs localités[56]. En 1920, l'ensemble du vicariat du Togo (partie anglaise et partie française) ne comptait que 8 prêtres. Un nombre largement inférieur aux 44 prêtres qui y travaillaient en 1914. L'effectif des missionnaires peut dire long sur l'importance du travail apostolique. Pendant le temps de la transition, très peu ont été les villes où résidaient des prêtres (Lomé et Aného). Les missions de Tsévié, Atakpamé, Agou, Kpalimé, Togoville, Adéta, Assahoun et Alédjo avaient fermé leurs portes. Plus tard, la reprise du travail apostolique dans ces localités n'a pas été moins laborieuse. Le rapport annuel de Mgr Jean-Marie Cessou[57] en 1923, dessine une situation assez inquiétante de l'état du vicariat du Togo. Les défis sont énormes : l'immensité de la mission, réouverture des missions fermées, les écoles naguère florissantes en décadence ou même abandonnées, abandon de l'école en français au profit des écoles anglaises en Gold Coast, le problème de langue (passer de l'allemand et/ou de l'anglais au français), le manque de personnel (missionnaires, instituteurs, catéchistes), et la baisse du nombre de ceux qui pratiquaient encore la foi catholique.

À travers le panorama de cette période de la transition, on peut bien imaginer la décadence de la mission au Togo après le départ des missionnaires allemands. Dans ce territoire du Togo, le christianisme vient en fait à peine de naître. Devant l'absence des missionnaires et les effets de la guerre (diminution des ressources, défection des catéchistes et instituteurs, fermeture des missions et des écoles, etc.), il a été difficile de résister à un retour à la religion traditionnelle ou à une vie moins chrétienne. Imaginez ce que cela peut signifier que le travail d'une soixantaine de missionnaires soit confié à une dizaine de

---

[56] K. MÜLLER, *Histoire de l'Église catholique au Togo*, p. 105.

[57] Mgr Jean-Marie CESSOU fut nommé administrateur du Togo français en 1921.

missionnaires. Néanmoins, il serait ingrat de méconnaître le mérite des missionnaires anglais et français de la période de la transition. Ils ont vraiment fait de leur mieux. On pourrait dire qu'ils ont même tenté l'impossible. Les catéchistes aussi[58].

L'œuvre des catéchistes pendant la période de la transition

Au cours de leur mission au Togo, les missionnaires allemands ont très tôt compris l'importance et le rôle des catéchistes. C'est ainsi que dès 1895, ils ont ouvert une école normale à Aného-Adjido. Quelques années plus tard, en 1908, cette école a été transférée à Gbi-Bla[59]. Le but principal de cette école est de former, au bout de deux ans, des instituteurs et catéchistes[60]. Ceux-ci auront pour mission la formation scolaire et religieuse des élèves. Ils[61] devraient prendre aussi en charge la vie religieuse de certaines communautés chrétiennes. Souvent sur le terrain, il arrive que l'instituteur soit au même moment catéchiste. Le catéchiste était le bras long du missionnaire. Dans les campagnes ou villages où le prêtre ne réside pas[62], c'est au catéchiste que revient la charge de la communauté chrétienne. Il enseigne le catéchisme aux enfants et aux adultes ; il dirige les prières ; il préside les offices liturgiques de la communauté en l'absence du prêtre. Le catéchiste est aussi un homme de confiance et pratiquement le conseiller de la communauté. Il est chargé de visiter les malades, et de baptiser ceux qui sont à l'article de la mort,

---

[58] K. MÜLLER, *Histoire de l'Église catholique au Togo*, p. 104.

[59] Gbi-Bla se trouve aujourd'hui dans le territoire du Ghana.

[60] N. GAYIBOR (éd.), *Histoire des Togolais*. Tome 4, p. 126.

[61] Principalement les catéchistes.

[62] Souvent, il y a un poste principal où résident les missionnaires. À ce poste, sont liées des stations secondaires où le prêtre va toutes les trois ou quatre semaines, ou selon ses disponibilités. On comprend que dans ce cadre, le catéchiste soit bien important.

surtout les enfants[63]. Le catéchiste est formé pour être prêt à servir avec zèle et courage. Dans un des rapports de la mission, le rédacteur exprimait pratiquement une grande reconnaissance à l'égard des catéchistes : combien de nos chrétiens ne sont-ils pas entrés au ciel juste par l'œuvre des catéchistes ?[64]

À l'époque de la création de l'école de Gbi-Bla pour les instituteurs et les catéchistes, il y avait aussi déjà l'idée que cette école pourrait devenir une pépinière pour les futurs candidats au sacerdoce. Et selon ses propres propos, le père André Anaté, un des premiers prêtres togolais, affirme avoir été envoyé à cette école de Gbi-Bla quand il avait exprimé le désir de devenir prêtre[65]. D'ailleurs, pratiquement tous les premiers prêtres togolais venaient de cette école. Au cours de la période de la transition, ceux qui ont étudié à l'école de Gbi-Bla étaient pratiquement les seuls qui pouvaient aider à continuer l'œuvre des missionnaires.

Après le départ des Allemands, le père André Anaté a été réquisitionné. Il a enseigné l'allemand, l'anglais et même un peu le français, avant d'être envoyé au grand séminaire de Ouidah en 1921[66]. De même, en l'absence des missionnaires, la charge de certaines communautés chrétiennes, surtout dans les villages et les campagnes, revenait aux catéchistes. La présence des catéchistes a été alors cruciale pendant la période de la transition. Mais malheureusement bon nombre de catéchistes avaient abandonné leur charge. Mgr Cessou, dans son premier

---

[63] *Um die Geelen der Neger*, AVD, N°903, Togo Mission (1917-1955), ff. 2638-2639.

[64] *Um die Geelen der Neger*, AVD, N°903, Togo Mission (1917-1955), ff. 2638-2639.

[65] Yves MARGUERAT, Tchitchékou PELEI, *« Si Lomé m'était conté... » : Dialogue avec les vieux Loméens,* Tome 1, Lomé, Presses de l'Université du Bénin, 1992, p. 9.

[66] Y. MARGUERAT, T. PELEI, *« Si Lomé m'était conté... »,* Tome 1, p. 9.

rapport comme administrateur, a été très critique à leur endroit :

> De réellement bons il y avait quatre à Lomé, un à Atakpamé, un à Aného, un à Kpalimé. Total : 7. Les autres étaient scandaleux ou apathiques. Les premiers ont été remerciés ; et parmi les seconds, ceux qui n'ont pas eu le courage de se remettre au travail l'ont été également. Au fond, il ne faut pas trop s'étonner de ce déchet. Ces pauvres jeunes gens ont été laissés à eux-mêmes trop longtemps. De plus l'exemple de leurs anciens camarades était fait pour décourager leur persévérance et leur bonne volonté. Devenus « *Produce Buyers* » c'est-à-dire intermédiaires entre les producteurs de produits et l'acheteur européen, ceux-ci se sont vite enrichis. Les années 1918, 1919, 1920 furent en effet sur la côte occidentale des années de prospérité extraordinaire. Devenus riches, ces anciens catéchistes devinrent pour la plupart polygames ; plusieurs même descendirent jusqu'à faire fétiche au vu et au su de tous[67].

La défection de certains catéchistes et l'absence des missionnaires dans certaines stations principales et surtout dans les stations secondaires ont provoqué des ruines à la fois matérielles et spirituelles. Les églises et les écoles ont été abandonnées. Ce qui a entraîné la ruine des bâtiments parce que personne ne s'en occupait. Les chrétiens n'étant plus stimulés, la vie de foi s'est affadi. Tout cela a engendré un effet domino : sans les catéchistes et les instituteurs, les écoles ne fonctionnent plus ; sans les écoles, il n'y a plus d'élèves ; sans les élèves, il n'y a pas non plus de catéchumènes. Le nombre des écoliers et des catéchumènes a considérablement diminué. Mais là où les catéchistes sont restés fidèles à leur mission, les choses ont été autrement. C'est pourquoi la mission du vicariat apostolique du Togo doit beaucoup aux catéchistes qui ont pu continuer leur travail pendant cette époque de crise. Ils avaient su sauvegarder la foi des communautés chrétiennes. Quoi qu'ils soient souvent passés de l'allemand à l'anglais, ou de

---

[67] Mgr Jean-Marie CESSOU, Rapport annuel 1922-1923, AMA, 2D1, f. 22.

l'allemand au français, et plus tard, de l'anglais au français, ils ont continué leur tâche avec beaucoup d'entrain. Ces catéchistes, qui sont restés fidèles à leur foi et à leur mission, ont été de vrais apôtres. En 1918[68], dans la mission d'Atakpamé par exemple, sur 189 baptêmes, la moitié a été administrée par des catéchistes[69]. N'eût été la présence des catéchistes, la reprise du travail missionnaire au Togo aurait été encore plus difficile aux nouveaux missionnaires de la Société des Missions Africaines.

Par ailleurs, il est important de noter qu'avant de partir, les missionnaires allemands ont confié aux catéchistes, dans la plupart des régions, les clés et les biens de la mission. Sans la présence de ces catéchistes, la foi catholique aurait-elle survécu avant l'arrivée de la nouvelle société missionnaire ? Pour le père Müller, malgré le ton pessimiste du rapport de la première visite pastorale de Mgr Cessou dans le vicariat, il faut rendre hommage aux catéchistes de cette époque[70]. Entre 1918 et 1921 à peine une dizaine de prêtres travaillaient au Togo ; alors qu'avant, ils étaient une quarantaine. Donc l'œuvre et le zèle de ces catéchistes ont contribué à sauvegarder la foi des communautés chrétiennes qui devraient lutter contre le retour aux usages de la religion traditionnelle[71].

Dans la région du Litimé[72], par exemple, Kpete et Tomégbé sont restées de 1915 à 1922 sans aucune visite de prêtre. Cependant, la foi chrétienne a été maintenue en vie grâce au zèle des catéchistes. Thomas Olympio (1863-1966) est l'un de ces célèbres catéchistes. Il a parcouru le Litimé et le reste de l'Akposso pour maintenir la foi des

---

[68] L'année 1918 marqua le départ des derniers missionnaires allemands.

[69] K. MÜLLER, *Histoire de l'Église catholique au Togo*, p. 104.

[70] K. MÜLLER, *Histoire de l'Église catholique au Togo*, p. 109.

[71] K. MÜLLER, *Histoire de l'Église catholique au Togo*, p. 104.

[72] Le Litimé est une région située au sud-ouest du Togo.

communautés chrétiennes pendant la période de l'absence des prêtres dans la région[73]. Vers la fin de l'année 1917, Thomas Olympio se fixe à Atakpamé comme catéchiste itinérant. Entre 1918 et 1921, il a parcouru des axes importants tels que Atakpamé-Agadji, Atakpamé-Oga, et Atakpamé-Kpessi. Il a été plus tard d'une aide précieuse pour les nouveaux missionnaires de la Société des Missions Africaines. De 1922 à 1932, il est guide et interprète pour les pères des Missions Africaines durant leurs tournées apostoliques à travers tout l'Akposso. Il meurt en 1966 à Wahala, après avoir tout donné à l'Église et à la mission apostolique[74].

Un autre personnage marquant est Mathias Ketowu (1890-1980)[75]. C'est un maître-catéchiste itinérant qui a parcouru de 1918 à 1922 les environs d'Atakpamé pour aider les chrétiens à bien vivre leur foi chrétienne. Après sa formation à l'école normale de Gbi-Bla (1909-1911), il a occupé successivement les postes de Notsé (1912-1913) et d'Agome-Koutoukpa (1914-1917). Il devient catéchiste itinérant à la suite du départ des missionnaires allemands. Pendant la période de la transition, il s'installe à Atakpamé. De 1918 à 1922, il a consolidé la foi des communautés chrétiennes de Edifu, Dédomé, Sada, Bétéyi, Kpalave (Kebu), Agbonou et Agbofon. Il a vécu pauvrement. Il incarne un modèle de catéchiste. « Il a été un laïc missionnaire de grande foi dont la fidélité à Dieu servait d'exemple vivant aux gens partout où il passait »[76].

---

[73] Benjamin AKOTIA (éd.), *Le cinquantenaire du Diocèse d'Atakpamé*, Lomé, Éditions Saint Augustin Afrique, 2014, p. 155.

[74] B. AKOTIA (éd.), *Le cinquantenaire du Diocèse d'Atakpamé*, p. 237.

[75] B. AKOTIA (éd.), *Le cinquantenaire du Diocèse d'Atakpamé*, pp. 246-247.

[76] B. AKOTIA (éd.), *Le cinquantenaire du Diocèse d'Atakpamé*, p. 247.

La mémoire de cette période de la transition ne saurait laisser aussi dans l'oubli le maître-catéchiste itinérant Emmanuel Daboni (1893-1979). Entre 1918 et 1921, il a desservi des localités telles que Atakpamé, Démadéli, Game, Yadé, Unabé, Kpalave, Azafi, Ayagba. Il est resté fidèle à sa mission jusqu'à sa mort. En reconnaissance des services rendus à l'Église du Togo et en particulier à l'Église famille de Dieu à Atakpamé, il a reçu du pape Paul VI la médaille du mérite : *Benemerenti*[77].

Ces catéchistes, surtout ceux des régions de l'intérieur du pays, ont été très utiles. Leur dévouement et leur travail apostolique auprès des communautés chrétiennes ont été d'une importance capitale. Ils ont raffermi la foi de leurs frères et sœurs. Ils ont soutenu les communautés chrétiennes. Ils étaient aussi devenus les gardiens des biens de la mission en attendant le retour des missionnaires allemands ou l'arrivée d'autres missionnaires. En réalité, ils espéraient le retour des missionnaires allemands. Cependant, quelle a été la mémoire de ces derniers ? Les missionnaires allemands ont été accusés de certains délits que les journaux de l'époque n'ont pas manqué de mettre au grand jour. Le cardinal van Rossum, alors préfet de la *Propaganda Fide*, s'est même fait entendre sur la question.

---

[77] B. AKOTIA (éd.), *Le cinquantenaire du Diocèse d'Atakpamé*, pp. 248-249. *Benemerenti* : du latin « bene ; merenti », qui peut se traduire par « bien méritant », ou « le plus méritant ». La médaille *Benemerenti* est une décoration qui est décernée par le Saint-Siège à des membres du clergé ou à des laïcs qui ont rendu un long et éminent service à l'Eglise. Elle a été créée par la Pape Pie VI (1775-1799) pour reconnaître les mérites militaires des soldats de la Garde suisse. À partir de 1925, sous le pontificat de Pie XI, il fut décidé de l'accorder aussi aux clercs et aux laïcs. Cf. https://chevalierspontificaux.fr/home-page/bene-merenti/, consulté le 20/03/2020.

Quel souvenir le départ des missionnaires allemands avait-il laissé ?

Environ trois mois après le départ des missionnaires allemands du Togo, le journal anglais *The Daily Graphic* publie le 5 avril 1918 un article polémique intitulé : « *German animosity* ». Comme le titre l'indique, l'article ne donne pas un bon témoignage sur la mémoire des missionnaires allemands. De quoi est-il question dans cet article ? L'article rapportait ceci.

> D'une source officielle de l'Afrique de l'Ouest, le *Router's Agency* vient de recevoir des détails sur un incident qui paraît unique dans l'histoire de l'Église catholique romaine. Dans l'imminence de l'expulsion des missionnaires allemands de Lomé au Togoland, Mgr Hummel de Gold Coast avait procédé à des arrangements pour la continuité du travail missionnaire. Mais, le père supérieur de la mission avait saisi cette occasion pour vendre rapidement les réserves de vin de messe et de farine, afin que les prêtres français qui devraient venir soient empêchés d'accomplir leurs offices religieux. Par l'aide du commandant des forces britanniques certaines choses ont été récupérées. Cet incident fournit une remarquable illustration du point jusqu'où les Allemands sont disposés à permettre à l'animosité nationale de dépasser même les plus grandes considérations morales et religieuses[78].

---

[78] Notre traduction de l'article, écrit en anglais. THE DAILY GRAPHIC, « *German animosity* », 5 avril 1918: "Sacramental Wine and Flour Sold by a Father Superior before deportation. From an official source in West Africa details have been received by Reuter's Agency of an incident which it is hoped is unique in the history of the Roman Catholic Church. It having been found necessary to deport from Lomé in Togoland the German members of the Roman Catholic Church Mission, Bishop Hummel, of the Gold Coast, proceeded thither in order to arrange for the continuity of religious work. The Father Superior of the Mission, however, took this opportunity hurriedly to sell the supplies of sacramental wine and of flour intended for the host in order that the incoming French priests might be prevented from discharging their religious offices. Through the assistance of the officer commanding the British forces some of these stores have since been recovered. The incident affords a remarkable illustration of the extent

Cet article dénonce en quelque sorte le comportement peu catholique des missionnaires allemands à la veille de leur départ du Togo. Effectivement, les missionnaires ont quitté le Togo avec beaucoup d'amertume. Mais est-il vrai qu'ils aient pu accomplir un pareil acte probablement pour se venger de leur départ du Togo ? Dans une lettre adressée à Mgr Hummel, l'administrateur *ad interim* du vicariat du Togo[79], le préfet de la *Propaganda Fide*, le cardinal van Rossum, exprime la pénible douleur que les événements rapportés par les journaux à propos du départ des missionnaires de la Société du Verbe Divin ont produite dans son cœur. Il demande alors que l'administrateur s'informe sur cette situation en le priant de tout « faire pour réparer le scandale et restituer la bonne image des missionnaires par un démenti publié dans les mêmes journaux dans lesquels les calomnies ont été publiées, et de réitérer aux missionnaires la charité réciproque, n'ayant d'autre but que l'extension du règne de Jésus Christ »[80]. Du fait que des journaux anglais aient parlé d'une telle affaire, et que même le cardinal préfet de la *Propaganda Fide* ait attiré l'attention de Mgr Hummel sur la question, on peut donc déduire que quelque chose s'est réellement passé. Cependant, la vérité est-elle conforme à ce que raconte *The Daily Graphic* ?

---

to which Germans are prepared to allow national animosity to override even the highest moral and religious consideration". Documents concernant le départ de Lomé des Pères du Verbe Divin le 11 janvier 1918 et l'administration du Vicariat apostolique du Togo par S. E. Mgr Francis Ignatius HUMMEL, Vicaire apostolique de la Gold Coast et Administrateur apostolique du Togo (1918-1921), AMA, 3N26, p. 20.

[79] Cette lettre du cardinal van Rossum date du 29 juillet 1918, soit environ six mois après le départ définitif des missionnaires allemands du Togo ; et trois mois après la parution de l'article de *The Daily Graphic*.

[80] Notre traduction du texte italien. Cardinal van Rossum, Lettre à Mgr Hummel, 29 juillet 1918, APF, N.S., Vol. 636, An. 1919, R. 143, f. 82.

Les missionnaires allemands sont accusés d'avoir caché, vendu et détruit le vin et la farine destinés à la célébration de la sainte messe. Et selon le journal anglais, leur but est clair : empêcher les autres prêtres de célébrer la sainte messe. Ces informations ont aussi été relayées par un autre journal anglais. Le journal anglais nommé *Globe* rapporte également ces mêmes accusations prononcées contre les missionnaires allemands.

Mais bien avant la lettre du cardinal van Rossum, datée du 17 juillet 1918, demandant de démentir l'information des journaux anglais, Mgr Hummel avait déjà envoyé à des éditeurs catholiques de Londres un démenti. Il leur a demandé de le publier dans les journaux qu'ils jugeraient importants. Mais en fin de compte, qu'est-ce qui s'est réellement passé ? À partir de l'analyse de la réponse de Mgr Hummel[81] à la lettre du cardinal van Rossum, les événements qui entourent le départ des missionnaires allemands pourraient se clarifier.

Selon la lettre de Mgr Hummel, trois jours avant le départ des missionnaires allemands de Lomé, ceux-ci ont vendu (ou ont éloigné de la mission pour être vendu) trois tonneaux de vin blanc, seize ou vingt barils de farine, cinquante caisses de pétrole, du savon et d'autres objets en usage dans la mission. Les autorités qui administraient la partie anglaise ont été informées de l'affaire. Et l'acheteur a été intercepté lorsqu'il a voulu faire passer deux tonneaux de vin par la frontière pour aller probablement les vendre en Gold Coast. Cette affaire s'est répandue ; et cela a

[81] La lettre de Mgr Hummel, en réponse au cardinal van Rossum date du 24 septembre 1918, soit environ deux mois après la lettre du cardinal. Documents concernant le départ de Lomé des pères du Verbe Divin le 11 janvier 1918 et l'administration du vicariat apostolique du Togo par S. E. Mgr Francis Ignatius HUMMEL, vicaire apostolique de la Gold Coast et administrateur apostolique du Togo (1918-1921), AMA, 3N26, ff. 14-19.

indisposé la population catholique de Lomé. Cet événement a été aussi un scandale pour la population européenne.

À l'intérieur du pays, les missionnaires ont confié une bonne quantité de vin à certains chrétiens. Mais il n'en fut retrouvé que quelques bouteilles dans les stations principales. À Lomé, 400 litres de vin ont été enfermés dans les locaux de l'école professionnelle. En réalité, les missionnaires, en partant, ne les avaient pas destinés à ceux qui viendraient de temps en temps pour la célébration de la messe. D'ailleurs, avant leur départ, les missionnaires allemands ont scellé l'école professionnelle avec tout ce qu'elle renfermait. Les missionnaires ont remis les clés au gouvernement anglais de la place. Selon les propos du père Witte, pro-vicaire, il est préférable de voir le gouverneur protestant[82] prendre la charge de l'école professionnelle plutôt que de la laisser à l'administration de Mgr Hummel. Il aurait même dit qu'il jetterait les clés à la mer plutôt que de les rendre au vicaire apostolique de la Gold Coast. Pourquoi le père Witte aurait-il eu de telles pensées ? En fait, la raison fondamentale de cette réaction n'est pas d'empêcher les missionnaires de venir plus tard pour célébrer la messe aux fidèles chrétiens. La raison en est plutôt que le père Witte ne se sentait pas disposé à confier les choses à cet administrateur provisoire parce qu'ils ne s'entendaient pas. De fait, il y avait une forte tension entre Mgr Hummel et le Père Witte. Cela mettait aussi à mal les relations entre les deux vicariats, celui de la Gold Coast et du Togo. Selon Mgr Hummel, cette relation tendue vient du fait que les missionnaires allemands du vicariat du Togo voulaient pénétrer dans une zone de la mission du vicariat de Gold Coast qui ne relève pas de leur juridiction. Ayant toléré au début leur service religieux dans la partie orientale

[82] En effet, il faisait allusion au gouverneur anglais qui était à Lomé. Il était protestant.

de son vicariat (une station non-résidentielle)[83] qui faisait frontière avec le vicariat du Togo, Mgr Hummel, vicaire apostolique de la Gold Coast, estimait qu'ils en faisaient de trop. En effet, les missionnaires allemands poussaient les chrétiens vers Lomé où ils se rendaient pour les célébrations des jours de fête. En outre, les jeunes filles de cette région du vicariat de la Gold Coast étaient guidées pour trouver des maris dans le vicariat du Togo. Pour mettre fin à tout cela, Mgr Hummel a voulu reprendre le contrôle de cette région orientale de son vicariat. Cela a été mal vu par les missionnaires allemands qui se sont levés contre Mgr Hummel et son administration. À cause de cette relation conflictuelle entre eux, quand le vicaire apostolique de la Gold Coast est venu à Lomé pour régler certaines affaires avant le départ des missionnaires allemands, il a logé chez le gouverneur anglais, qui est protestant. Dans une telle situation, les Allemands pourraient-ils encore revenir plus tard au Togo même s'ils seraient prêts à travailler sous la direction de Mgr Hummel ?

La survie de la mission du vicariat apostolique du Togo

L'impossibilité du retour des missionnaires allemands

En partant du Togo, les missionnaires allemands avaient une petite lueur d'espoir d'y revenir. C'est probablement une des raisons pour lesquelles ils n'ont pas voulu confier certaines choses à Mgr Hummel, notamment l'école professionnelle. Le désir de revenir au Togo habitera toujours leur cœur ; car ils se sentent quelque part

---

[83] À cause de leurs activités commerciales ou autres, certains chrétiens du vicariat du Togo allaient vivre pour un moment sur le territoire du vicariat de Gold Coast, dans des régions où aucun service religieux n'était offert. Les missionnaires allemands avaient donc demandé à Mgr Hummel de s'occuper de ces chrétiens qui se trouvaient de fait sur le territoire du vicariat apostolique de la Gold Coast.

"propriétaires" de cette mission qu'ils ont fondée et fait grandir. Cependant, plus le temps passait, plus l'espoir de revenir dans le vicariat du Togo s'évanouissait. Après le partage définitif du territoire du Togoland, la *Propaganda Fide* devrait décider sur le sort de ce vicariat. Les Français et les Anglais peuvent-ils accepter des missionnaires allemands sur leur territoire colonial ?

Dans son message du 1er août 1917 aux chefs des peuples belligérants[84], le pape Benoit XV a pourtant exprimé la neutralité de l'Église dans le conflit mondial. Il a même proposé sa médiation. Mais elle a été refusée[85]. Les États belligérants peuvent-ils croire en cette impartialité lorsque d'une part, les républicains français anticléricaux, tel Georges Clemenceau, voyaient le pape Benoit XV comme "un pape boche[86]" et que d'autre part les Allemands l'appelaient "le pape français" ? Il paraît alors difficile de voir les vainqueurs de la guerre donner libre cours à une action missionnaire de l'Église qui serait accomplie par des Allemands dans leurs colonies. Il semble également difficile voire impossible à la *Propaganda Fide* de renvoyer ces missionnaires allemands dans leur ancien territoire de mission.

À Paris, il a été refusé au Saint-Siège de participer aux débats de la conférence de paix de Paris, qui a abouti au Traité de Versailles. En fait, à cause de la question romaine, le Saint-Siège n'a pas été reconnu comme pouvant faire partie des États. Voilà pourquoi le Saint-Siège n'a pas pu avoir directement une voix à la table des négociations. Le pape lui-même, qui se nommait encore *Pater communis* (le

---

[84] BENOIT XV, « Lettre du pape Benoît XV aux chefs des peuples belligérants », in *Enchiridio delle Encicliche, 4, Pio X-Benedetto XV (1903-1922)*, Bologna, EDB, 1999, pp. 970-976.

[85] Michael F. FELDKAMP, *La diplomazia pontificia: Da Silvestro I a Giovanni Paolo II. Un profilo*, Milan, Jaca Book, 1995, p. 86.

[86] C'est un terme péjoratif, utilisé par les Français pour désigner les soldats allemands ou des personnes d'origine allemande.

Père commun) dans sa première encyclique *Ad beatissimi apostolorum principis* du 1er novembre 1914 ne l'était plus en réalité. Il n'était devenu qu'un observateur qui n'avait plus beaucoup d'impact sur les belligérants comme dans le passé.

Dans sa lettre aux chefs des peuples belligérants, le pape a proposé entre autres la restitution des colonies allemandes comme une des conditions pour la paix[87]. Mais cela ne pouvait pas être accepté. Car la montée du nationalisme a pris le dessus. Même au niveau des missionnaires, ce nationalisme est bien réel. Or, le nationalisme ne peut guère aller avec l'universalisme des missions de l'Église. Dans sa lettre apostolique *Maximum illud* du 30 novembre 1919, sur l'activité des missionnaires dans le monde, le pape Benoît XV n'a pas manqué d'exprimer son regret au sujet de ce nationalisme qui est bien contraire aux principes qui régissent les missions de l'Église. Le pape affirme : « nous constatons avec grande tristesse que dans certaines revues missionnaires publiées ces derniers temps, apparaisse avec évidence le désir d'élargir plus l'influence du son propre pays que le zèle d'étendre le règne de Dieu [...]. Nous ne devons jamais oublier le fait que le missionnaire est envoyé non par son pays, mais par le Christ »[88]. Mais tout cela peut-il faire revenir les missionnaires allemands au Togo ? On peut voir ici encore comment des événements politiques ont déterminé l'action de l'Église au Togo. Certains événements mettent cela en évidence.

Rappelons qu'au moment du partage définitif du Togoland en 1919, cela faisait environ deux ans que les missionnaires allemands ont quitté le Togo. Malgré la

---

[87] BENOIT XV, « Lettre du pape Benoît XV aux chefs des peuples belligérants », p. 974.

[88] Notre traduction du texte italien, BENOIT XV, « Maximum illud », in *Enchiridio delle Encicliche, 4, Pio X-Benedetto XV (1903-1922)*, pp. 991-993.

relation conflictuelle qui existe entre l'Allemagne et la France, les missionnaires rêvent toujours de revenir dans leur mission du vicariat du Togo. Mais prudente dans sa manière de gérer la situation des missions allemandes après la guerre, la *Propaganda Fide* n'avait encore rien décidé concernant le vicariat du Togo. De leur côté, les missionnaires allemands sont tout de même prêts à y retourner à tout prix. Cela dénote la situation préoccupante et sérieuse des questions qui se posent au sujet de l'avenir des missions allemandes et des missionnaires allemands. L'enjeu devient ici très sérieux.

Dans ce contexte de l'après-guerre, le père Witte, ex pro-vicaire, veut tenter tout de même sa chance auprès de celui avec qui il était en conflit. Le 5 octobre 1919, il envoie une lettre à Mgr Hummel, administrateur *ad interim* du vicariat du Togo :

> Voilà deux ans que nous avons dû quitter le Togo. Nous ne savons pas ce que l'avenir nous réserve. Il semble exclu que nous puissions retourner au Togo avec notre évêque, et nous souffrons de voir nos chrétiens abandonnés. Vous-même et Mgr Steinmetz vous avez fait votre possible pour nous venir en aide. Ils vous en remercient certainement et nous le faisons avec eux... Vous me permettrez maintenant de vous adresser une proposition concrète qui me tient à cœur depuis longtemps. Nous aimerions vous demander si quelques-uns d'entre nous pourraient revenir en Afrique occidentale. J'ai parlé de cette question avec mes confrères et avec les Supérieurs de notre congrégation. Peu importent les conditions dans lesquelles nous travaillerions, pourvu que nous puissions travailler, car les besoins des Missions sont si urgents. J'ai écrit dans le même sens à Mgr Steinmetz. J'ose vous prier d'en parler avec lui pour que vous trouviez une solution. Sachez même que nous serions heureux de travailler sous votre direction[89].

En analysant cette lettre du père Witte, on peut y percevoir une certaine humilité, et le fait que finalement dans l'Église ce n'est pas la teneur des relations politiques

[89] K. MÜLLER, *Histoire de l'Église catholique au Togo*, p. 102.

entre les États qui doit déterminer la mission. La mission de l'Église doit dépasser les frontières des pays, les frontières du temps et de l'espace. De ce message du père Witte, on peut être amené à conclure que ce qui est plus important et plus essentiel, c'est la mission de l'Église, et non les relations entre ennemis ou entre amis, comme l'a montré les événements de la guerre.

Les démarches des supérieurs de la Société du Verbe Divin témoignent aussi de ce souci d'une supranationalité des missions ; le souci de ne pas laisser les événements politiques ou les relations conflictuelles entre les pays abîmer la mission de l'Église ou les relations d'entraide et de collaboration entre les missionnaires qui sont envoyés non pas par leur pays, mais par l'Église qui est catholique, c'est-à-dire universelle. Cependant, une inquiétude peut aussi se dissimuler derrière la lettre du père Witte. Dans la période juste après la conférence de paix de Paris, les Allemands sont devenus indésirables dans les colonies. Que faire alors de tant de missionnaires qui n'ont plus un lieu de mission ? Quel est l'avenir des séminaristes qui se préparaient pour la mission ?

Les supérieurs de la Société du Verbe Divin vont tout tenter pour envoyer de nouveau leurs missionnaires dans le vicariat du Togo, qui leur était cher. Mais en vain ! Le père Blum, administrateur de la Société du Verbe Divin, a entrepris lui-même des démarches à Lyon auprès du supérieur général de la Société des Missions Africaines. Mais celui-ci ne peut rien lui promettre. Tout était dans les mains des gouvernements de Londres et de Paris[90]. Dans ce cadre, la diplomatie du Saint-Siège ne pouvait-elle pas intervenir pour que les missionnaires allemands puissent être autorisés à revenir au Togo ?

À la conférence de paix de Paris, même si le Saint-Siège n'a pas été autorisé à y participer, il y a fait ce qui lui était

[90] K. MÜLLER, *Histoire de l'Église catholique au Togo*, p. 95.

possible. Mais le monde à cette époque entrait aussi dans une autre phase de relation vis-à-vis de la papauté. La complicité entre pouvoir et papauté du temps médiéval est désormais passée. Il est donc devenu difficile au pape de se faire écouter par les États modernes. À Paris, les négociations de la conférence de paix ont pourtant continué. Les jours passaient ; et les ombres se dissipaient. La Société du Verbe Divin a fini par comprendre petit à petit que le combat était perdu d'avance. Aussi à Rome, on commence à se rendre à l'évidence que les gouvernements anglais et français ne peuvent plus accepter des missionnaires allemands dans les territoires qu'ils ont conquis pendant la guerre. Entre-temps, la Société des Missions Africaines de Lyon, soutenue par Londres et Paris, entame des négociations auprès de la *Propaganda Fide* afin que le Togo français revienne à ses missionnaires[91]. Dans une de ses lettres au cardinal préfet de la *Propaganda Fide*, le supérieur général de la Société des Missions Africaines écrit :

> Le vicariat du Togo sera partagé entre la France et la Grande-Bretagne. Un tiers revient à la Côte d'Or et deux tiers au Dahomey. On conçoit difficilement, dans un pays aussi étroit que le Togo, l'arrivée d'autres missionnaires, après la décision politique annoncée. [...] Ces missions sont enclavées dans nos deux vicariats. Nous les avons commencées. Nous y avons laissé deux des nôtres[92] que les Féticheurs ont fait mourir. La langue du Togo est la même que celle des Nègres du Dahomey et de la Côte d'Or. Nos missionnaires la parlent : ils connaissent déjà ces Nègres, et ces chrétientés déjà occupées par eux souffriraient moins du départ des

[91] Chabert, Lettre au cardinal van Rossum, 14 novembre 1919. Lettre au cardinal van Rossum, 5 avril 1910. Lettre à Mgr Steinmetz, 21 novembre 1920, AMA, 2C16.

[92] Le père Chabert fait référence ici aux pères Jérémie Moran, mort sur place à Atakpamé en 1887, et Aimé Beauquis, mort à Tokpo (Nigeria) en 1891.

pères de Steyl qui nous avaient succédé lorsque ces pays devinrent allemands[93].

Le deuxième partage du Togoland intervenu en 1919 étant désormais définitif, et le retour des missionnaires allemands étant devenu impossible, il fallait alors que la *Propaganda Fide* se prononce. Une chose est évidente, et Mgr Hummel en a été averti par le gouverneur de la Gold Coast : « le gouvernement français ne verrait pas de bon œil les missionnaires d'une colonie anglaise en charge de stations relevant de leur autorité »[94]. Le Togoland étant devenu d'une part le Togo britannique et d'autre part le Togo français, l'autorité de Mgr Hummel, l'administrateur *ad interim* du vicariat du Togo, devient de ce fait un peu problématique dans la zone française. Cependant, même si en définitive la *Propaganda Fide* a confié plus tard le Togo français à la Société des Missions Africaines[95], il va falloir gérer la tension entre les deux confrères qui se trouvent de part et d'autre du vicariat du Togo : Mgr Hummel et Mgr Steinmetz.

Les conséquences religieuses d'une décision politique

À la suite du démantèlement du Togoland (1919), la *Propaganda Fide* tranche finalement la question du vicariat

---

[93] Chabert, Lettre au cardinal van Rossum, 5 avril 1920. AMA, 2C16.

[94] Mgr Hummel, Lettre au cardinal van Rossum, 19 mars 1920, APF, N.S., Vol. 773, An. 1922, R. 143, f. 587.

[95] Il parait important de signaler que l'attribution du vicariat du Togo à la Société des Missions Africaines mécontenta la Société du Verbe Divin. Dans une lettre au cardinal van Rossum, Carl Friedrich, procureur générale de la Société du Verbe Divin, avait exprimé son regret et demandait certaines dispositions à propos de certains problèmes clés touchant les biens laissés par les missionnaires allemands. Carl Friedrich, Lettre au cardinal van Rossum, 26 avril 1920, APF, N.S., Vol. 669, An. 1920, R. 143, ff. 47r-47v.

du Togo[96]. À partir de 1921, la Gold Coast, le Togo français et le Dahomey revenaient à la Société des Missions Africaines de Lyon. Cela résout peut-être la question principale du vicariat du Togo qui est resté un peu marginalisé. Mais parfois, il arrive que des solutions deviennent la source d'autres problèmes. Et c'est ce qui est arrivé. La décision de la *Propaganda Fide* a créé au début un autre problème. Les difficultés principales portent sur le personnel missionnaire, les biens laissés par les missionnaires allemands et la redistribution des ressources financières de ces biens.

En effet, après le partage définitif du Togoland, la ville de Lomé, qui faisait partie précédemment de la zone d'occupation anglaise, fait désormais partie du Togo français. Or, dans cette ville, missionnaient encore les pères du vicariat de la Gold Coast. À cette époque, le statut de ces pères n'était pas bien précis. De même, la relation de collaboration entre les deux vicaires apostoliques (Mgr Hummel et Mgr Steinmetz) dans la mission du vicariat du Togo n'était pas non plus très claire. Dans cette situation de confusion, la difficulté vient du fait que Mgr Hummel ait voulu retirer ses prêtres qui travaillent à Lomé. Or, Mgr Steinmetz et le supérieur général de la congrégation ne veulent pas de leur départ. La raison est simple : ils sont au Togo depuis quelques années déjà ; ils connaissent la langue locale ; leur présence est donc nécessaire pour la poursuite de la mission[97]. Cette situation a déclenché un conflit entre Mgr Hummel et Mgr Steinmetz, étant donné que chacun est préoccupé par les intérêts de sa propre mission.

---

[96] Le Vicariat du Togo coïncidait finalement avec les limites politiques du Togo français.

[97] Hérold, Lettre au cardinal préfet de la Propaganda Fide, 5 décembre 1920, APF, N.S., Vol. 773, An. 1922, R. 143, f. 628.

Un autre élément de conflit concerne les biens[98]. Plus précisément, il s'agit des ressources financières qui proviennent de l'école professionnelle de Lomé. En effet, Mgr Hummel réclame ces ressources pour le Togo britannique. Or, pour le vicaire du Dahomey, ces ressources doivent plutôt servir le Togo français, du fait que Lomé se trouve désormais dans la partie française. Entre-temps, certaines réclamations ont été faites auprès du gouvernement français afin de récupérer des biens appartenant à la mission catholique au temps des Allemands. Mais cela devenait aussi compliqué pour le fait que certains biens n'ont pas été immatriculés[99]. Par ailleurs, l'ambassadeur de la France près le Saint-Siège n'avait pas manqué d'exprimer son étonnement auprès Procureur général de la Société des Missions Africaines, le père Hérold, pour le fait que ce soit le vicaire apostolique de la Gold Coast qui réponde officiellement comme administrateur apostolique au sujet des affaires qui concernent le Togo français[100]. La nouvelle répartition politique a causé, en tout cas, de véritables problèmes aux deux vicaires apostoliques. Une autre cause des problèmes est aussi la nouvelle position de la ville de Lomé, siège de l'évêque et centre principal du vicariat du Togo. Paris ne désirait plus la présence d'un vicaire autre que français[101].

---

[98] Sur la question des biens laissés par les missionnaires allemands, il y a eu beaucoup de problèmes avec les nouveaux gouvernements. En effet, en partant, les missionnaires allemands ont confié aussi certaines choses aux occupants anglais et français. Certains biens ont été aussi confisqués. Dans le Togo britannique, la récupération de ces biens n'a pas causé beaucoup de difficulté. Mais dans le Togo français, cela a été plus compliqué.

[99] Il y a par exemple des terrains (des lopins de terre), surtout situés dans les stations secondaires, qui n'ont pas été immatriculés.

[100] Hérold, Lettre au cardinal préfet de la *Propaganda Fide*, 5 décembre 1920, APF, N.S., Vol. 773, An. 1922, R. 143, f. 628.

[101] En effet, Mgr Hummel le savait bien. Raison pour laquelle il avait déjà écrit au cardinal préfet de la *Propaganda Fide*, le cardinal

La situation conflictuelle entre les deux vicaires apostoliques culmine vers la fin de l'année 1920. En début décembre 1920, Mgr Steinmetz a envoyé à Lomé un message télégraphique annonçant qu'il est désormais l'administrateur apostolique du vicariat du Togo (le Togo français). Or, Rome n'avait pas encore déchargé Mgr Hummel de l'administration provisoire du vicariat du Togo, même s'il est vrai que ce n'est plus la même réalité territoriale[102]. Mgr Hummel réagit en disant qu'il se considère toujours comme administrateur apostolique du vicariat du Togo tant que Rome ne dit pas le contraire[103]. Face à un tel conflit d'autorité, la Maison généralice de la Société missionnaire des vicaires apostoliques intervient. Elle écrit le 5 décembre 1920 au cardinal préfet de la *Propaganda Fide* en ces termes :

> La situation de ces deux vicaires apostoliques vis-à-vis du Togo n'étant pas assez précise, il serait désirable que la sacrée congrégation de la Propaganda prenne le plus tôt possible une décision à ce sujet. Le révérend père Chabert désire grandement le maintien du vicariat apostolique du Togo comme mission distincte, au moins pour la partie attribuée à la France qui est de beaucoup la plus importante. Le vicariat apostolique du Dahomey est par lui-même une mission assez vaste et ne gagnerait pas à être encore agrandi. De plus, pour couper court à la rivalité [...] le père Chabert désirerait pour le vicariat du Togo la nomination, même provisoire, d'un administrateur apostolique spécial [...]. Cet administrateur

---

van Rossum, pour lui présenter la situation et demander une solution. Cf. Mgr Hummel, Lettre au cardinal van Rossum, 19 mars 1920, APF, N.S., Vol. 773, An. 1922, R. 143, ff. 587-588.

102 En effet à cette époque, le terme « vicariat du Togo » peut porter à confusion. Le vicariat du Togo se confondait avant à l'espace territorial du Togoland. Après le partage définitif du Togoland, le terme devient un peu ambigu, parce que la réalité territoriale n'est plus la même. Mais avec la nomination du père Jean Marie CESSOU, comme administrateur apostolique en 1921, le terme vicariat du Togo est devenu plus clair. Les limites du vicariat du Togo coïncident désormais avec les limites du Togo français.

103 K. MÜLLER, *Histoire de l'Église catholique au Togo*, p. 106.

apostolique aurait seul qualité pour diriger les affaires de la mission du Togo avec un personnel fixe ne relevant que de lui[104].

Le 12 décembre 1920, de son côté, Mgr Hummel adresse une lettre au cardinal van Rossum[105] en lui exprimant sa stupéfaction devant l'attitude et le message du vicaire apostolique du Dahomey, menaçant de nouveau de retirer ses missionnaires de Lomé[106]. La réponse télégraphique du cardinal a été sans appel : « laissez personnel actuel à Lomé jusqu'à l'arrivée du supérieur général »[107]. Mgr Hummel a obéi à l'ordre du préfet de la Propagande. Mais il se considérait toujours administrateur du vicariat apostolique du Togo. À la suite d'un processus de consultation, le 11 janvier 1921, la congrégation de la *Propaganda Fide* nomme officiellement le père Jean-Marie Cessou comme le nouvel administrateur apostolique du Togo. Finalement pour cette fois, la question est réglée pour de bon. Le Togo français a son propre administrateur. L'arrivée du père Cessou au Togo va marquer le début de la troisième période d'évangélisation du Togo. L'histoire de l'Église du Togo reconnaît au père Cessou le mérite d'avoir ouvert l'ère de la deuxième évangélisation catholique du Togo, désormais cependant aux dimensions réduites[108].

---

[104] Hérold, Lettre au cardinal préfet de la *Propaganda Fide*, 5 décembre 1920, APF, N.S., Vol. 773, An. 1922, R. 143, f. 627.

[105] Mgr Hummel, Lettre au cardinal van Rossum, 12 décembre 1920, APF, N.S., Vol. 773, An. 1922, R. 143, f. 636.

[106] Il s'agit des missionnaires qui appartenaient au vicariat de la Gold Coast, mais qui travaillaient à Lomé depuis le départ des missionnaires allemands. Cf. K. MÜLLER, *Histoire de l'Église catholique au Togo*, p. 106.

[107] K. MÜLLER, *Histoire de l'Église catholique au Togo*, p. 106.

[108] Le vicariat apostolique du Togo se limita finalement au Togo français. Le Togo britannique fut confié à Mgr Hummel. Mais le 15 mars 1923, la *Propaganda Fide* fit du Togo britannique un nouveau vicariat : le vicariat apostolique de la Basse-Volta.

La nouvelle ère de la mission : le temps de la deuxième évangélisation catholique du Togo

Depuis le déclenchement de la Première Guerre mondiale en 1914, le vicariat apostolique du Togo a connu beaucoup de vicissitudes. Avec la nomination du père Jean-Marie Cessou comme administrateur apostolique en 1921, les choses vont commencer par changer avec le temps. Son rôle principal est de réorganiser la mission dans le vicariat apostolique du Togo en la relevant des ruines de tant d'années de guerre. Nommé le 11 janvier 1921, ce n'est que le 23 septembre que le nouvel administrateur a mis pied sur le sol du vicariat qui lui est destiné. Mais qui est ce missionnaire à qui est confiée la grande tâche de la reconstruction de la mission du Togo ?

Jean-Marie Cessou est un français d'origine bretonne. Il est né le 18 décembre 1884 à Quimper (Bretagne), année où l'Allemagne a signé le traité de protectorat avec le roi de Togoville. Après son école primaire chez des Frères des Écoles chrétiennes, il entre au collège de la Société des Missions Africaines à Pont-Rousseau près de Nantes. À la suite de ses études qui le préparaient au sacerdoce, il est ordonné prêtre en 1908. Passionné pour la mission de l'Église, son modèle est l'apôtre Paul. Après son ordination, il est envoyé au Libéria. Mais la Première Guerre mondiale va interrompre cet apostolat car il a été enrôlé comme infirmier militaire de l'armée française au Cameroun. Dans cette colonie de l'Afrique centrale, les Allemands ont capitulé le 16 février 1916. À la suite du départ des missionnaires allemands, le père Cessou a été obligé de reprendre son travail pastoral dans la mission de Yaoundé en juin 1916 dans un contexte bien difficile. Un an plus tard, la maladie le force à retourner en France. Rétabli, il est envoyé au Nigeria dans la mission d'Abeokuta[109]. C'était

[109] K. MÜLLER, *Histoire de l'Église catholique au Togo*, p. 108.

déjà après la guerre. Et c'est de là qu'il a été appelé à réorganiser la mission catholique du Togo français.

Comme si son destin l'a souvent conduit dans les territoires évangélisés par les missionnaires allemands, le père Jean-Marie Cessou arrive au Togo environ huit mois après sa nomination. Il est arrivé avec le père Chabert, supérieur général de sa congrégation, et un contingent missionnaire de deux prêtres et quatre frères : les pères Bedel et Ollier ; les frères Gérard (tailleur), Louis, Odulphe (l'imprimeur), et Benoît (mécanicien)[110]. Leur arrivée a suscité une grande joie à Lomé. De fait, la population catholique du Togo attendait depuis longtemps des missionnaires. « Ils furent accueillis avec un immense enthousiasme »[111]. Mais cette allégresse ne peut dissimuler l'importance du travail apostolique qui attend le nouvel administrateur et son équipe. Comme un bon administrateur, la première des choses a été la visite pastorale de son vicariat pour s'enquérir de l'état des lieux. Partout, il a été accueilli avec grande joie. Cependant, dans une mission autrefois si prospère, seules deux stations (Lomé et Anécho) avaient des prêtres permanents. Les ruines témoignent du grand travail missionnaire des Allemands. Le premier regard du père Cessou sur la mission laisse entrevoir l'état déplorable de la mission :

> Que de ruines à relever ! Ruines matérielles : bâtiments abandonnés sans réparations pendant 7 ans, de 1914 à 1921 ; ruines spirituelles : de 1914 à 1918 les pères avaient pu visiter leurs chrétientés des villages que rarement et irrégulièrement : il leur fallait un visa pour sortir des centres et de 1918 à 1921, les quelques pères qui étaient venus n'avaient pu faire beaucoup plus ; ruines morales nées du dévergondage de la guerre et de l'après-guerre[112].

---

[110] Y. MARGUERAT, T. PELEI, *« Si Lomé m'était conté... »*, Tome 1, p. 111.

[111] K. MÜLLER, *Histoire de l'Église catholique au Togo*, p. 108.

[112] Mgr Jean-Marie CESSOU, *Jubilé du vicariat apostolique de Lomé 1892-1942*, AVD, N°903, Togo Mission (1917-1955).

L'analyse de ce premier rapport du nouvel administrateur adressé à la *Propaganda Fide* met déjà en évidence de réelles difficultés à relever cette mission[113]. Ce rapport a un ton grave et pessimiste. Cependant, l'état de la mission n'a pas découragé le nouvel administrateur. Même s'il y a eu des défections partout au niveau de la pratique de la foi et au niveau des instituteurs et catéchistes, il subsistait encore le « petit reste d'Israël » avec lequel il peut repartir de nouveau. La première des choses est la reconstruction de la mission au sud et au centre du pays, avant d'entreprendre celle du nord du pays, amorcée en 1913 peu avant la guerre. Trois lieux constituent les défis essentiels d'un nouveau départ : les écoles, les postes de mission, et les chrétiens.

En ce qui concerne les écoles, le père Cessou s'est vite rendu compte de leur importance pour l'évangélisation. L'école a donc constitué le premier défi à relever. À Lomé, où l'école avait pourtant continué, le niveau a considérablement baissé. Nombreux ont été les élèves qui ont abandonné l'école française pour aller dans les écoles anglaises. Il y a donc eu un exode vers la Gold Coast. Beaucoup d'autres élèves sont allés dans les écoles officielles qui offraient à cette époque de grands avantages : gratuité des fournitures scolaires, bourses d'études à Dakar ou en France, facilité d'obtenir un emploi confortable dans le pays[114]. Dans ce contexte, l'absence de l'enseignement religieux dans les écoles, surtout officielles, est devenue chose normale. Et la concurrence entre les écoles officielles et les écoles catholiques est devenue bien forte. Comment contrebalancer la situation ? Pour y remédier, l'administrateur a envisagé deux solutions : engager des instituteurs du Dahomey, formés à l'enseignement français et leur donner le traitement des écoles officielles ; offrir aux

[113] Mgr Jean-Marie CESSOU, *Rapport annuel 1922-1923*, AMA, 2D1.

[114] K. MÜLLER, *Histoire de l'Église catholique au Togo*, p. 109.

élèves les mêmes avantages financiers que les écoles officielles[115]. C'est ainsi qu'à partir de 1923, les écoles catholiques ont commencé à reprendre leur irremplaçable poste au sein du travail apostolique au Togo[116].

Dans le souci de la reconstruction de la mission, la situation matérielle a constitué aussi un point essentiel à revoir. Presque tout est à reconstruire. Il fallait aussi faire l'inventaire des biens. Si dans les stations principales cela n'a pas causé beaucoup de difficultés, parce que les archives ont été bien tenues, dans les stations secondaires les documents manquaient souvent[117]. Étant brusquement partis, les missionnaires allemands n'ont probablement pas eu tout le temps de laisser des documents écrits sur tous les biens qui étaient de catégories diverses : des biens appartenant à la mission catholique, les biens de la Société du Verbe Divin (l'école professionnelle par exemple), et des contrats qui sont établis au nom de certains missionnaires allemands. Le manque de documentation et la confusion des choses a compliqué la situation, d'autant plus que les biens n'appartenant pas à la mission catholique ont été considérés par le gouvernement français comme des biens privés. Et de cette manière, les biens appartenant à des missionnaires par exemple ne peuvent plus revenir à la mission catholique. Cette question des biens de la mission a fait l'objet de discussions et de conflits. « De l'administrateur apostolique au gouverneur, de Lomé à Paris, du Saint-Siège au gouvernement français, on se renvoyait la balle. Chacun interprétait à sa façon le fameux

---

[115] K. MÜLLER, *Histoire de l'Église catholique au Togo*, p. 110.
[116] K. MÜLLER, *Histoire de l'Église catholique au Togo*, p. 110.
[117] K. MÜLLER, *Histoire de l'Église catholique au Togo*, p. 110.

article 438 du Traité de Versailles[118] »[119]. Ils ont finalement abouti à un accord en 1925.

Le soin des chrétiens a été aussi un des points essentiels de la reprise de la mission dans le vicariat apostolique du Togo. À l'arrivée du nouvel administrateur du Togo en 1921, la population catholique du Togo français s'élevait à environ 21 000 chrétiens. Pendant la période de la transition, dans les stations principales, surtout à Lomé et Aného, les chrétiens sont beaucoup plus restés fidèles à la pratique de la foi. Dans les autres centres missionnaires du pays, surtout privés de missionnaires et de catéchistes, la pratique de la foi a régressé. Certains chrétiens sont d'ailleurs retournés à la religion traditionnelle, à la superstition et à la polygamie[120]. La défection massive des

---

[118] L'article 438 du Traité de Versailles stipule : « Les puissances alliées et associées conviennent que, lorsque des missions religieuses chrétiennes étaient entretenues par des sociétés ou par des personnes allemandes sur des territoires leur appartenant ou confiés à leur gouvernement en conformité du présent traité, les propriétés de ces missions ou sociétés de missions, y compris les propriétés des sociétés de commerce dont les profits sont affectés à l'entretien des missions, devront continuer à recevoir une affectation de mission. À l'effet d'assurer la bonne exécution de cet engagement, les gouvernements alliés et associés remettront lesdites propriétés à des conseils d'administration, nommés ou approuvés par les gouvernements et composés de personnes ayant les croyances religieuses de la mission dont la propriété est en question.

Les gouvernements alliés et associés, en continuant d'exercer un plein contrôle en ce qui concerne les personnes par lesquelles ces missions sont dirigées, sauvegarderont les intérêts de ces missions.

L'Allemagne, donnant acte des engagements qui précèdent, déclare agréer tous arrangements passés ou à passer par les gouvernements alliés et associés intéressés pour l'accomplissement de l'œuvre desdites missions ou sociétés de commerce et se désiste de toutes réclamations à leur égard ». *Traité de paix entre les puissances alliées et associées*, p. 217.

[119] K. MÜLLER, *Histoire de l'Église catholique au Togo*, p. 111.

[120] K. MÜLLER, *Histoire de l'Église catholique au Togo*, p. 109.

catéchistes et des instituteurs a eu des impacts considérables sur la vie religieuse. En 1914, leur effectif était 228. Mais à l'arrivée de l'administrateur apostolique, ils n'étaient plus que 36 dans le vicariat. Et selon les propos du père Cessou, même parmi ceux qui sont restés fidèles à leur mission, bien peu sont bons[121].

Par rapport à ces trois défis essentiels (écoles, postes de mission, chrétiens), le père Jean-Marie Cessou estime qu'il lui fallait au moins 21 prêtres. Les paroisses sont assez grandes ; les chrétiens, disséminés parmi les païens et les catéchumènes réclament un soin particulier. En outre, le missionnaire n'a pas à s'occuper seulement des chrétiens ; mais il doit aussi annoncer l'Évangile aux païens[122]. Ainsi donc, « la moisson est abondante, mais les ouvriers sont peu nombreux » (Mt 9, 37).

Environ trois mois après son arrivée au Togo, le nouvel administrateur adresse avec insistance un message à ses supérieurs de Lyon pour qu'ils envoient des missionnaires au Togo. Mais la promesse de faire venir plus tard des missionnaires ne le contente pas, parce qu'il veut que les missionnaires arrivent plus vite. Probablement pour pousser les choses, il alerte même la *Propaganda Fide* en exprimant son désarroi :

> Vous voyez bien que la situation est presque intenable. Le manque de personnel atteint un point tragique. Les missionnaires perdent confiance ; les chrétiens se demandent si nous faisons notre possible, et ne croient presque plus à nos promesses. Tout ce que nous pouvons faire, c'est tenir, dans les postes que nous possédons encore. Ailleurs on assiste, la mort dans l'âme, à l'anéantissement

---

[121] Mgr Jean-Marie CESSOU, Rapport annuel 1922-1923, AMA, 2D1, ff. 21-22.

[122] K. MÜLLER, *Histoire de l'Église catholique au Togo*, pp. 112-113.

d'une œuvre magnifique, et ceux qui avaient retrouvé quelque espoir sont en train de désespérer[123].

Certes, il est bien difficile de relever du jour au lendemain la mission du vicariat du Togo. La patience est bien nécessaire pour la bonne reprise et poursuite des activités apostoliques. Le supérieur de la Société des Missions Africaines comprend aussi la préoccupation du nouvel administrateur. Devant une pareille situation, le courage peut se perdre bien facilement. Cependant, même si l'insuffisance de missionnaires était toujours sa croix, le père Cessou a continué avec beaucoup de courage sa mission. Environ deux ans après, en juin 1923, il expose de nouveau la situation préoccupante de la mission en faisant un projet. Le père Müller, dans son livre sur l'histoire de l'Église catholique au Togo, rapporte la vision de l'administrateur : « à Lomé, il fallait au moins cinq prêtres ; il n'y en avait que trois [...]. Kpalimé avait besoin de trois prêtres au minimum ; il n'y en avait que deux. Aného réclamait deux prêtres ; il n'y en avait qu'un »[124]. Et le père Müller continue en citant l'administrateur apostolique : « si je donne ces chiffres, écrit-il, c'est d'abord pour attirer votre attention sur nos obligations à l'égard des chrétiens. Pas question, pour le moment, de songer aux païens. Nos prêtres ne peuvent plus même administrer les sacrements à ceux qui le désirent. Et les visites des familles ? Et l'indifférence religieuse qui menace de s'étendre ? »[125].

Dans cette situation d'insuffisance de personnel missionnaire, le père Jean-Marie Cessou a même demandé des missionnaires à la Société du Verbe Divin. Il n'est pas

---

[123] K. MÜLLER, *Histoire de l'Église catholique au Togo*, p. 113. La *Propaganda Fide* renvoya la lettre du père Jean-Marie Cessou à son supérieur général, le père Chabert qui tenta de l'apaiser en lui annonçant qu'il avait déjà prévu des missionnaires pour le Togo.

[124] K. MÜLLER, *Histoire de l'Église catholique au Togo*, pp. 113-114.

[125] K. MÜLLER, *Histoire de l'Église catholique au Togo*, p. 114.

étonnant que la réponse ait été négative. Mais finalement le 25 juin 1923, son supérieur général, le père Chabert, a envoyé au Togo trois missionnaires : les pères Bourget, Chazal et Delbaere. Ce qui faisait qu'à la fin de l'année 1923, l'administrateur disposait de 16 prêtres pour 24 596 catholiques et 3 468 catéchumènes[126]. En octobre de la même année, il pouvait tout de même envoyer ce message au préfet de la *Propaganda Fide* : « grâce à nos missionnaires et à leurs sacrifices, le Togo relève ses ruines. La mission ressuscite »[127].

Grâce à son ardeur, à son savoir-faire et à son équipe de missionnaires, le père Jean-Marie Cessou a pu commencer à faire sortir de ses ruines la mission du vicariat apostolique du Togo. Aussi pour la bonne poursuite du travail apostolique, il a été nommé en 1923, vicaire apostolique du Togo. Ordonné évêque le 15 juillet 1923 en la cathédrale de Lomé, Mgr Jean-Marie Cessou devient le premier évêque à résider au Togo. C'est à travers son ordination que s'est véritablement constitué le territoire ecclésiastique du nouveau vicariat du Togo. Et c'est aussi avec lui que commence véritablement la hiérarchie de l'Église catholique du Togo. Désormais fixé au Togo, Mgr Cessou a été le grand reconstructeur de la mission catholique du pays. Et cette mission va continuer en s'épanouissant. Mgr Cessou a posé les bases de la deuxième évangélisation catholique du Togo en inaugurant une nouvelle page de l'histoire de l'Église catholique au Togo.

Conclusion

La Première Guerre mondiale, éclatée en Europe en 1914, a eu des répercussions jusqu'au Togoland. Le territoire aujourd'hui nommé le Togo reste une

---

[126] K. MÜLLER, *Histoire de l'Église catholique au Togo*, p. 114.
[127] K. MÜLLER, *Histoire de l'Église catholique au Togo*, p. 114.

conséquence visible de ce conflit qui a fait beaucoup de mal en Europe et en d'autres parties du monde. Du Togoland, on est passé aux deux Togo : le Togo britannique et le Togo français. Finalement il n'en reste qu'un seul, le Togo français : l'actuelle République du Togo. Le Togo britannique a disparu en s'incorporant à l'actuel Ghana. Cette division n'a pas simplement eu des conséquences géopolitiques. Les populations en ont souffert et en souffrent encore aujourd'hui. Des familles ont été divisées à cause des tracées de frontières. Dans notre ouvrage, il n'a pas été question de cet aspect. Ce qui nous importait était beaucoup plus d'examiner les conséquences de la politique des relations internationales sur la mission l'Église, dans le vicariat apostolique du Togo. Mais la question des conséquences des tracés de frontières entre le Togo et le Ghana sur les populations reste un sujet assez intéressant. Un sujet qui nécessite l'apport d'autres recherches scientifiques.

L'histoire de la première évangélisation du vicariat apostolique du Togo fait voir une mission qui a été beaucoup éprouvée. Le principal malheur a été le départ des missionnaires allemands. La décadence de la mission dans le vicariat du Togo a entraîné la baisse de la pratique religieuse, la chute de l'école et la ruine des missions. Le vicariat apostolique du Togo, devenu orphelin, a reçu le soin des vicaires apostoliques du Dahomey et de la Gold Coast. La mémoire de l'histoire de l'Église catholique du Togo ne saurait négliger aussi l'œuvre de certains catéchistes qui sont restés fidèles à leur mission.

Avec l'épreuve de la Première Guerre mondiale, la florissante mission des Allemands n'appartient désormais qu'à l'histoire. Elle ne représente qu'un passé glorieux. Plus jamais cette mission allemande ne reprendra au Togo. Confié à une société missionnaire française, la Société des Missions Africaines, le vicariat apostolique du Togo occupe finalement le territoire du Togo français. Mgr Jean-Marie Cessou a été celui qui a fait ressortir la mission du Togo de ses ruines. Avec lui, commence une nouvelle ère pour le vicariat apostolique du Togo : c'est le temps de la deuxième évangélisation catholique du Togo.

Conclusion générale

Dans l'historiographie missionnaire de l'Afrique, l'histoire de l'implantation des Églises locales prend une place importante. À travers le journal personnel des missionnaires, à travers les rapports des chefs de mission ou des vicaires apostoliques, à travers l'histoire des instituts missionnaires déployés à partir du XIXe siècle en Afrique, nous avons d'importantes informations sur la manière dont la mission évangélisatrice s'est effectuée sur le continent. Cette histoire de l'Église en Afrique est aussi liée à l'histoire politique des pays. Comme par hasard, la colonisation et la christianisation se sont ainsi retrouvées sur le même continent et à la même époque. Cependant faut-il, en vérité, distinguer d'une part la colonisation et, d'autre part, la christianisation ? L'histoire de l'Afrique révèle qu'avec l'expansion portugaise au XVIe siècle, la première évangélisation de l'Afrique subsaharienne s'est effectuée sous le système du *Padroado*. Mais après l'échec de ce système, la seconde évangélisation du continent, organisée par la congrégation de la *Propaganda Fide* surtout à partir du XIXe siècle, a été une véritable œuvre missionnaire. L'Église elle-même a redécouvert de plus belle sa vocation missionnaire depuis la fondation de la *Propaganda Fide* (1622). Ainsi le XIXe siècle a-t-il été un grand siècle missionnaire.

De fait, au lendemain de la Restauration (1815-1830), malgré les réticences affirmées par rapport à la mission en dehors de l'Europe, certains facteurs ont contribué à donner un nouvel intérêt et un nouvel élan pour la mission *ad extra* : la littérature missionnaire (*Lettres édifiantes, Annales* de la *Propaganda Fide*), les activités de l'Œuvre de la Propagande de la foi, la création de plusieurs instituts missionnaires, dont la Société des Missions Africaines, fondée en 1856 et dont le charisme est d'annoncer l'Évangile au milieu des Africains et des peuples d'origine africaine. C'est aussi à la même époque qu'est née la Société du Verbe Divin (1875) dont le but est d'annoncer la Bonne Nouvelle dans le monde entier.

L'activité missionnaire de ces instituts religieux s'est inscrite dans une certaine vision de la mission universelle de l'Église. Ce que le père de la missiologie catholique, Josef Schmidlin (1876-1944) identifie en ces termes : l'universalité du salut et la conversion des « infidèles ». Mais pour le verbite Theodor Grentrup (1878-1967), il s'agissait plutôt de la « *dilatatio regni Dei* »[1]. Cependant, dans ces deux démarches, il y a toujours l'idée de la conversion des non-chrétiens et de l'accession au salut qui passe par l'Église. L'histoire de la missiologie reconnaît toutefois au jésuite belge Pierre Charles (1883-1954) une meilleure formulation de la vision missionnaire de l'Église dans le concept de la *plantatio ecclesiae*[2]. Ce concept va finalement marquer et caractériser la pensée et l'action de la Société du Verbe Divin et la Société des Missions Africaines au Togo.

Fidèle à cette démarche de la *plantatio ecclesiae*, la méthode d'évangélisation des missionnaires de la Société du Verbe Divin au Togo a été de parcourir le pays en s'établissant dans des localités importantes à partir desquelles peut rayonner le christianisme catholique. Cette manière de faire ressemble à la méthode missionnaire de l'Église primitive où le christianisme a été d'abord un phénomène des centres urbains.

---

[1] L'expansion du règne de Dieu.

[2] La *pantatio ecclesiae* peut se traduire littéralement par « implantation ou propagation de l'Église ».

Dans leur méthode d'évangélisation, les missionnaires de la Société du Verbe Divin ont évité de s'installer dans les localités déjà occupées par les protestants et les musulmans afin d'éviter tout conflit. Dans les localités où ils sont arrivés, à l'exemple de saint Paul, ils ont fondé des communautés chrétiennes (les missions), construisant des églises, créant des dispensaires et fondant des écoles. Très tôt, l'école s'est révélée indispensable pour l'évangélisation. L'école normale de Gbi-Bla a été d'ailleurs un important lieu de formation des catéchistes et des instituteurs ; et une pépinière pour les premières vocations sacerdotales. Emboîtant le pas aux protestants, les missionnaires catholiques ont adopté la langue Ewé comme langue liturgique dans laquelle beaucoup de documents ont été traduits (catéchisme, histoire biblique, journal, etc.). L'apostolat de proximité à travers la visite aux familles et le soin de la formation chrétienne des fidèles témoigne du souci d'une véritable *plantatio ecclesiae* au Togo.

Cette méthode d'évangélisation qui portait déjà ses fruits a été interrompue par la Première Guerre mondiale. Pour le fait qu'ils étaient Allemands, les missionnaires de la Société du Verbe Divin ont été expulsés du Togoland par les occupants français et anglais. Et pour poursuivre la mission évangélisatrice, les nouveaux occupants du Togo français, n'ont admis que des missionnaires français. C'est ainsi que la mission du Togo a été confiée à la Société des Missions Africaines de Lyon.

Ces nouveaux missionnaires arrivent dans un contexte bien particulier : le Togo est désormais réduit à un territoire de 56 700 km^2 et confié à la France. Entre 1919-1945, il a été un territoire sous mandat de la Société des Nations, puis entre 1945-1960, sous tutelle de l'Organisation des Nations Unies. Tout a changé : l'administration coloniale, le personnel missionnaire, la méthode d'évangélisation, la langue du colonisateur et du missionnaire. Cependant le mot d'ordre reste le même : la *plantatio ecclesiae*. Même si la manière de l'appliquer peut être différente d'une société missionnaire à une autre, la mission reste pourtant la même.

Dans leur mode d'évangélisation à leur arrivée au Togo, la plus grande préoccupation des missionnaires de la Société des Missions Africaines a été la relève de la mission. Les défis étaient nombreux : connaissance de la langue locale, la grandeur de la mission, l'insuffisance du personnel missionnaire, la restauration des écoles, la formation des catéchistes, la vie spirituelle des chrétiens, l'établissement d'un clergé local. Mgr Jean-Marie Cessou a été celui qui a fait remonter de ses ruines la mission du Togo. L'arrivée quelques années plus tard d'une forte équipe de missionnaires a permis à la mission du Togo de reprendre de plus belle et elle a fait de grands progrès malgré les difficultés. Déjà en 1928, le vicariat apostolique du Togo est prêt à accueillir son premier prêtre, le père Henri Kwakumé. Il a été ordonné le 23 septembre de l'année 1928. Comme on peut s'y attendre, son ordination et sa première messe ont donné lieu à des fêtes impressionnantes[3].

C'est ainsi qu'avec les missionnaires de la Société des Missions Africaines, commence la troisième période de l'histoire de l'Église catholique au Togo : c'est l'ère de la deuxième évangélisation. Sous la direction de ces missionnaires, les fondations des missions à travers le pays ont continué comme à l'époque des missionnaires allemands. Mais l'histoire reconnaît aux missionnaires de la Société des Missions Africaines la création des premières provinces ecclésiastiques du Togo[4], la constitution d'un

---

[3] K. MÜLLER, *Histoire de l'Église catholique au Togo*, p. 128.

[4] Vicariat apostolique de Lomé et préfecture apostolique de Sokodé ; puis archidiocèse de Lomé, diocèses d'Atakpamé et de Sokodé, préfecture apostolique de Dapaong.

clergé autochtone et l'installation des premiers évêques togolais[5].

L'histoire de l'évangélisation du Togo est atypique. Mais le Togo n'est pas le seul protectorat allemand en Afrique qui ait connu ou subi le régime britannique et français. L'histoire de l'Église catholique du Cameroun a aussi été bouleversée par les mêmes événements de la Première Guerre mondiale. Protectorat allemand depuis le 14 juillet 1884, le Cameroun a été confié aux missionnaires pallotins allemands en 1890. Pendant la Première Guerre mondiale, le pays a été attaqué par les troupes anglo-belgo-françaises en début août 1914. La défaite de l'Allemagne au Cameroun le 20 février 1916 a marqué la fin de la mission des pallotins dans ce pays. Désormais conquis par les Alliés, le Cameroun a été partagé entre les Français et les Anglais. Expulsés du pays, les missionnaires pallotins ont été obligés d'abandonner leur mission. Comment sauver la situation de la mission pendant le temps de la transition (1916-1922) ?

Comme le cas du Togo, la foi des chrétiens catholiques a été sauvegardée par l'œuvre des catéchistes et de quelques prêtres démobilisés qui travaillaient dans l'armée française. Contrairement à ce qui s'est passé au Togo, la mission du Cameroun a survécu grâce aux prêtres de l'armée française et aux catéchistes. D'ailleurs, le père Jean-Marie Cessou, enrôlé dans l'armée française comme infirmer et envoyé au Cameroun, a été obligé de reprendre son travail apostolique dans la mission de Yaoundé. Après le temps de transition, la mission du Cameroun français a été confiée aux pères

---

[5] C'est la triade des premiers évêques togolais. Il s'agit de : Mgr Dosseh-Anyron (1925-2014), Mgr Atakpah (1919-1977), Mgr Bakpessi (1924-1992). Une étude historique serait très intéressante sur ces premiers évêques du Togo. La redécouverte de ces personnages pourrait aider à une meilleure connaissance de l'histoire de l'Église catholique du Togo, voire de l'histoire du Togo.

spiritains et aux pères du Sacré-Cœur (les dehoniens). Le Cameroun anglais pour sa part a été confié naturellement aux missionnaires de Mill Hill[6].

La similitude entre l'histoire de l'Église catholique du Togo et celle du Cameroun est bien évidente. Mais comme on peut le constater, l'expérience du Togo reste particulière par le fait que le pays n'a pas connu de réunification entre la partie anglaise et la partie française. Les missionnaires de la Société des Missions Africaines ont été les seuls à parcourir tout le pays jusqu'en 1957 où on note l'arrivée des franciscains.

L'impact de la religion chrétienne sur la société traditionnelle est aussi un élément important à relever, même si cela n'a pas été une question abordée dans notre ouvrage. L'arrivée du christianisme au Togo a un peu bouleversé l'organisation de la société traditionnelle comme cela a été le cas avec l'expérience des pères Jérémie Moran et Aimé Beauquis à Atakpamé. Par ailleurs, l'identité et la véritable pratique religieuse des premiers chrétiens ou des premiers convertis restent aussi une question importante à creuser. Etaient-ils de « vrais chrétiens » ou des gens marginalisés par la société traditionnelle ? Que cherchaient-ils en devenant chrétiens ? Voilà quelques interrogations qui méritent une recherche plus approfondie pour toucher du doigt l'entreprise de conversion du côté des Togolais eux-mêmes. Si l'histoire nous révèle l'œuvre des missionnaires de la Société du Verbe Divin et de la Société des Missions Africaines pour la conversion des Togolais et pour l'implantation de l'Église catholique au Togo, il manque encore des études quant à ce qui concerne ce que les Togolais eux-mêmes disent de leur propre conversion, des missionnaires qu'ils

---

[6] Jean-Paul MESSINA, Jaap van SLAGEREN, *Histoire du christianisme au Cameroun. Des origines à nos jours*, Paris, Karthala-Clé, 2005, pp. 139-246.

ont rencontrés et des impacts de la nouvelle religion chrétienne sur la vie de leur société. Aujourd'hui (2020), cent ans après la publication de la célèbre lettre encyclique *Maximum Illud* (1919) du pape Benoit XV, il serait aussi intéressant de mener des recherches approfondies sur la manière dont l'émergence de la question des nationalités a finalement modifié la carte missionnaire de l'Église et déterminé la mission évangélisatrice dans le vicariat apostolique du Togo. Finalement, la première évangélisation des missionnaires allemands a-t-elle un échec ?

À l'issue de ce panorama sur l'histoire de l'implantation de l'Église catholique au Togo, il est vain de penser que la prétention de notre ouvrage est d'embrasser l'exercice de toute la mission évangélisatrice dans son ensemble. Notre objectif serait atteint si sa lecture permet d'approcher un peu plus l'histoire du Togo, et en particulier l'histoire de l'Église catholique du Togo. La première évangélisation des missionnaires allemands, d'un certain point de vue peut être vue comme un échec. Cependant, du fait que la mission de l'Église est une mission qui dépasse les frontières des nations, les frontières du temps et de l'espace, la mission des Allemands n'est pas un échec. C'est plutôt l'ancienne corde au bout de laquelle s'est tissée la nouvelle corde de la deuxième évangélisation catholique du Togo. Une évangélisation qui a porté à la naissance de l'Église togolaise.

Par ailleurs, l'histoire de l'Église catholique du Togo s'inscrit aussi dans l'histoire universelle du monde et dans l'histoire des rapports de force qui a existé entre les pays européens au cours la première moitié du XXe siècle. Il est important que tout catholique connaisse l'histoire de son Église particulière. Une telle connaissance est bien utile non seulement pour le temps présent mais aussi pour l'avenir. Car, comme le dit Bimwenyi-Kweshi, « un peuple sans passé, sans histoire est comme un homme sans mémoire […]. Ignorant d'où il vient, comment l'amnésique saurait-il où il va ? Comment contrôlerait-il sa propre trajectoire ? Effacer le passé, la mémoire de quelqu'un, c'est hypothéquer son avenir »[7]. Un retour sur l'histoire de l'évangélisation catholique du Togo peut bien aider aujourd'hui à aimer davantage l'Église catholique du Togo et à mieux affiner des réflexions sur la manière de trouver à chaque époque des moyens adéquats pour une meilleure annonce de l'Évangile et pour un « mieux-être chrétien » dans un Togo plus prospère et plus fort. L'histoire est bien utile pour mieux vivre sa foi dans l'Église d'aujourd'hui et mieux préparer l'Église de demain.

---

[7] Oscar BIMWENYI-KWESHI, *Discours théologique négro-africain. Problème des fondements*, Paris, Présence Africaine, 1981, pp. 201-202.

ANNEXES

Carte 1 : Le Togoland[1]

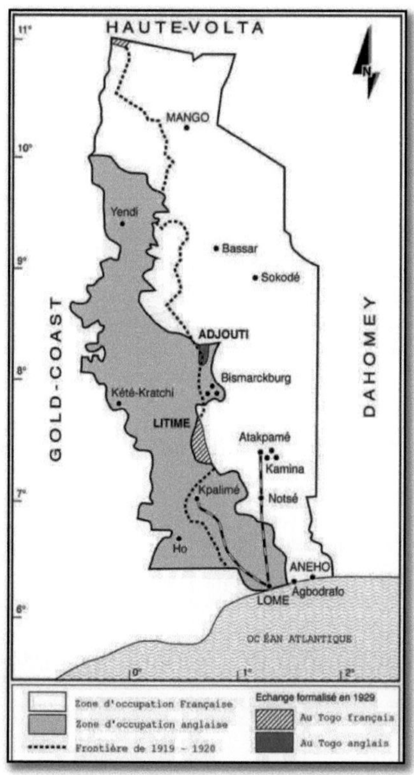

[1] https://journals.openedition.org/com/755?file=1, consulté le 20/03/2020.

Tableau 1 : Les statistiques des années 1892-1917[2]

	-	1892	1897	1902	1907	1912	1917
Prêtre	-	2	9	12	27	44	38
Frère	-	3	9	9	8	14	15
Religieuse	-		5	8	19	22	23
Station (chef-lieu)	Prêtre et Frère	1	5	5	7	11	12
	Religieuse	-	1	2	4	5	5
Église	-	-		2	4	15	42
Chapelle	-	-	7	7	9	19	
Catéchiste et Instituteur	-	-	17	51	159	215	81
Institutrice	-	-	-	-	-	-	7
Écoles	-	1	15	43	132	183	42
Écoliers	-	13	616	1439	4273	6173	2 410
Écolières	-		32	162	572	306	276
Élèves de clos d'enfants	-	-	-	-	-	-	276
Somme des élèves	-	13	698	1601	5846	7479	-
Élèves de l'école professionnelle	-	-	10	26	37	95	-
Baptême	Nombre des baptisés	-	187	285	988	2544	-
	Baptême des enfants	-	-	-	-	-	-
	Nombre des baptisés en article de mort	-	45	100	392	1094	-
Somme des baptêmes de l'année	-	24	232	385	1380	3638	2 000
Chrétiens	-	40	973	1854	3856	14 657	22 128
Catéchumènes	-	33	394	897	2 947	5 750	1 136
Confession	-	-	-	-	15 391	84 296	78 576
Communion	-	-	-	-	8 696	95 172	106 817
Mariage religieux avec confession	-	-	-	-	63	211	142
Mariages religieux	-	-	-	-	128	1 005	-

[2] Ce tableau des statistiques a été réalisé à partir des rapports des années 1912-1918. Source : WÖLF Franziskus, *Gruss aus der mission in Togo (Westafrika)*, 3 dezember 1914, 14 dezember 1915, 15 November 1916, 8 dezember 1917, 18 dezembre 1917, 6 dezember 1918. Ces statistiques ont été réalisées avec un intervalle d'années de 5 ans.

Tableau 2 : Les statistiques des années 1914-1917[3]

	1914	1915	1916	1917
Prêtres	44	41	40	38
Frères	16	15	15	15
Religieuses	30	28	23	23
Nombre total des missionnaires	90	84	78	76
Églises Chapelles	41	41	41	42
Catéchistes et Instituteurs	228	81	81	81
Institutrices	-	-	-	7
Nombre total des enseignants	-	81	81	88
Écoles	-	61	34	42
Écoliers	-	2 002	1 485	2 410
Écolières	1 545	757	538	276
Élèves du jardin d'enfants	-	-	-	276
Nombre total des élèves	7 911	2 759	2 025	2 962
Élèves de l'école professionnelle	117	60	72	-
Somme des baptêmes de l'année	3 623	1 732	1 654	-
Chrétiens	19 740	20 688	21 303	-
Catéchumènes	5 521	1 873	1 545	-
Confessions	122 375	95 336	85 637	78 576
Communions	160 074	129 364	120 806	106 817
Mariages religieux avec confession	270	133	161	142
Mariages religieux	-	1 572	1 624	-

[3] Franziskus WÖLF *Gruss aus der mission in Togo (Westafrika)*, 15 November 1916, 8 dezember 1917, 18 dezembre 1917, 6 dezember 1918. Ces statistiques rendent compte des quatre dernières années de la présence des missionnaires allemands dans le vicariat du Togo.

Tableau 3 : Les statistiques après le départ des missionnaires allemands[4]

	1917[5]	1918
Prêtres	38	4
Religieuses	23	3
Baptêmes	2 000	144
Confessions	78 576	15 869
Communions ordinaires	106 817	27 233
Mariages	142	5

[4] Compte rendu du vicariat apostolique du Togo (partie anglaise) pour l'année 1918 à partir du mois de février jusqu'au mois d'aout. APF, N.S., Vol. 636, An. 1919, R. 143, f. 41.

[5] Franziskus WÖLF *Gruss aus der mission in Togo (Westafrika)*, 6 dezember 1918

La première évangélisation catholique du Togo[6]

Ce tableau a été conçu par Jean-Paul Savi et réalisé par Ange Savi. Il représente la mission de la « *plantatio ecclesiae* » au Togoland, c'est-à-dire la mission de l'implantation de l'Église catholique au Togoland.

La carte du Togoland constitue à la fois l'espace et le temps de la première évangélisation catholique qui a été l'œuvre des missionnaires de la Société du Verbe Divin entre 1892 et 1918.

[6] Ce tableau intitulé « La première évangélisation du Togoland » a été réalisé en 2017 pour marquer la célébration des 125 ans d'évangélisation du Togo.

Le tableau à l'intérieur de la carte du Togoland divise en trois parties :

- L'arrière-fond du tableau représente « l'arrière-pays ». C'est le grand champ à moissonner sous le beau ciel bleu de la nation togolaise. C'est le territoire de mission qui a été confié à la Société du Verbe Divin. Ce paysage exprime aussi les joies et les peines de la mission ; les difficultés d'accès comme l'accueil chaleureux que les Togolais et leur pays ont réservé aux missionnaires.
- Au milieu se trouve un ensemble de maisons qui représente les localités dans lesquelles les missionnaires se sont rendus pour fonder l'Église catholique. La maison surmontée d'une croix blanche représente la première chapelle. En effet, dans chaque localité, l'une des premières choses que les missionnaires faisaient, était de construire un lieu de culte où se rassemblaient les chrétiens pour célébrer l'Eucharistie, écouter la Parole de Dieu et recevoir les autres sacrements de l'Église. Devant la chapelle sont assis deux missionnaires vêtus de leur soutane blanche. Ils sont encadrés par des colons en habit noir. Cela témoigne de la proximité de ces deux entités dans les colonies : l'Église et l'État.
- Sur le premier plan du tableau, se trouve la scène de la « *plantatio ecclesiae* ». Elle est représentée par l'implantation de la croix dans le sol togolais. La présence des missionnaires habillés en soutane blanche dans cette scène représente l'aide et l'œuvre évangélisatrice de ces derniers afin que le Christ soit annoncé, connu, accueilli et aimé au Togoland. Cette implantation s'est faite aussi sous le regard paternel, le soin et la sollicitude de ces missionnaires. Ceux-ci ont été chargés de fonder des communautés chrétiennes qui soient des signes de la présence de Dieu dans le monde et en particulier au Togoland. Les missionnaires étaient aussi chargés de mener

les communautés chrétiennes à leur pleine maturité (*Redemptio Missio* n°48-49). Cependant, l'implantation de l'Église catholique au Togo n'a pas seulement été l'œuvre des missionnaires. La croix, signe du salut du monde opéré par Jésus-Christ, est en train d'être plantée au cœur du village avec le concours et la participation active des Togolais. Cela montre comment le christianisme a été accueilli par les Togolais qui ont œuvré et œuvrent encore aujourd'hui afin que le Christ soit implanté dans leur cœur et dans leur pays. L'évangélisation du Togoland a donc été l'œuvre des missionnaires ; mais sans méconnaître l'œuvre des Togolais qui ont accepté le Christ au cœur de leur vie.

La province ecclésiastique de l'Église catholique du Togo

Erigé en préfecture apostolique le 12 avril 1892, le Togo devient vicariat apostolique le 16 mars 1914. À la suite de la Première Guerre mondiale, le territoire du Togoland a été divisé entre la France et l'Angleterre. La partie française devient le Togo français. Elle a gardé le titre de vicariat apostolique du Togo jusqu'au 18 mai 1937 ; date à laquelle a été créée la préfecture apostolique de Sokodé dans au centre du pays. À partir du 14 juin 1938, il y avait donc au Togo le vicariat apostolique de Lomé et la préfecture apostolique de Sokodé. Le 14 septembre 1955, Lomé devient archidiocèse et Sokodé est érigé en diocèse. Par la division du diocèse de Sokodé, a été créée le 1er mars 1960 la préfecture apostolique de Dapaong. Le 29 septembre 1964, l'archidiocèse de Lomé a été, à son tour, subdivisé pour créer le diocèse d'Atakpamé. Le 6 juillet 1965, la préfecture apostolique de Dapaong devient diocèse de Dapaong. Depuis le 1er juillet 1994, par un remaniement du territoire ecclésiastique du Togo, ont été érigés les diocèses d'Aného, de Kpalimé et de Kara. Depuis lors, l'Église catholique du Togo compte six diocèses et un archidiocèse métropolitain. L'Église catholique du Togo est de Rite Romain[1].

[1] ŒUVRES PONTIFICALES DE PROPAGATION DE LA FOI, *L'Église catholique en Afrique occidentale et centrale*, 2006, pp. 874-908. https://www.ce-togo.org/dioceses-du-togo/.

ARCHIDIOCESE DE LOME (*Archidioecesis Lomensis*)[2]

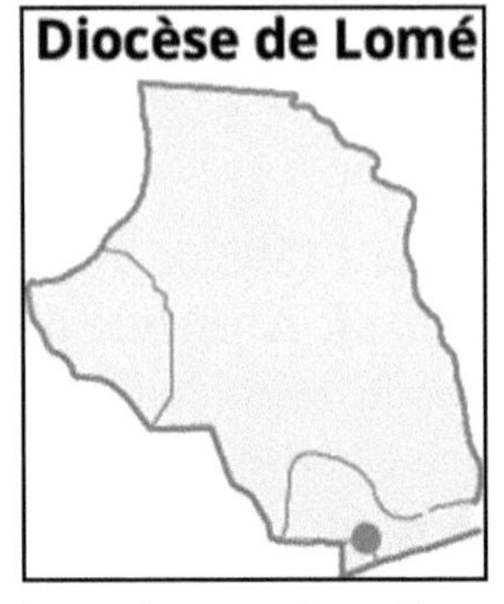

À la suite de la création de la préfecture apostolique de Sokodé en 1937, Lomé est érigé en vicariat apostolique le 14 juin 1938. Moins d'une vingtaine d'années plus tard, le vicariat apostolique de Lomé devient archidiocèse le 14 septembre 1955. À cette époque, il couvrait toute la partie sud du pays, jusqu'aux frontières de Sokodé. Mais aujourd'hui, l'archidiocèse de Lomé ne s'étend que sur une superficie de 3 682 Km^2. Il couvre ainsi les préfectures du Golfe, de Zio et de l'Avé. Sa population s'élève à environ 2 035 800 habitants, dont 596 823 catholiques. De nos jours, l'archidiocèse de Lomé compte 61 paroisses et 221 chapelles. Il est desservi par 291 prêtres (dont 211 prêtres diocésains et 80 prêtres religieux), et 713 religieux (dont 322 religieux et 391 religieuses). Le nombre de ses futurs prêtres s'élève à 195. Etant le seul archidiocèse du pays, tous les autres diocèses sont des diocèses suffragants : Aného, Atakpamé, Dapaong, Kara, Kpalimé, Sokodé.

Les Ordinaires[3]

Johannes SCHÄFER, SVD (1892-1894)
Mathias DIER, SVD (1894-1896)
Herman BÜCKING, SVD (1896-1908)
Nicolas SCHÖNIG, SVD (1908-1914)

---

[2] ANNUARIO PONTIFICIO 2019, Città del Vaticano, Libreria Editrice Vaticana, 2019, p. 414. Les diocèses sont présentés suivant leur date d'érection. Les cartes des diocèses ont été recueillies à partir du site web de la conférence épiscopale du Togo.

[3] L'ordinaire est le prélat qui a la juridiction sur une Église locale. Il est souvent nommé évêque.

Franz WOLF, SVD (1914-1921)[4]
Anton WITTE, SVD (Pro-vicaire, 1914-1918)
Ignace HUMMEL, SMA (Administrateur apostolique ad interim, 1918-1921)
Jean-Marie CESSOU, SMA (1921-1945)
Joseph STREBLER, SMA (1945-1961)
Robert-Casimir DOSSEH-ANYRON (1962-1992)
Jean Kuassi GBIKPI-BENISSAN (*Administrateur apostolique, février 1992 – décembre 1992*)
Philippe Fanoko KPODZRO (1992-2007)
Denis Komivi AMUZU-DZAKPAH (2007 -2019)
Nicodème Yves Anani BARRIGAH-BENISSAN (2019 -)

DIOCESE DE SOKODE (*Dioecesis Sokodensis*)[5]

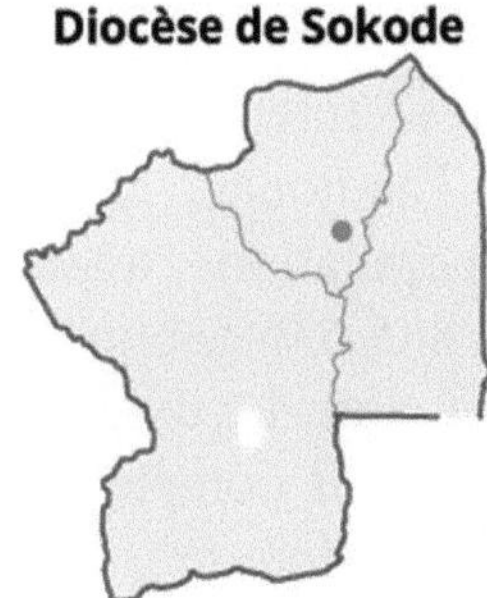

Le 18 mai 1937 est érigée la préfecture apostolique de Sokodé. Elle est élevée au rang de diocèse le 14 septembre 1955. Le diocèse est situé dans le centre du pays et couvre un territoire d'environ 12 610 Km^2. Il s'étend sur la Région Centrale et une partie de la Région de la Kara (préfectures de Tchaoudjo, Sotouboua, Tchamba, Assoli). Sa population totale s'élève à environ 1 541 860 habitants dont 181 649 catholiques. Le diocèse de Sokodé se compose de 19 paroisses et 85 chapelles. Il compte 67 prêtres (42 prêtres diocésains et 25

[4] Peu après son ordination épiscopale à Steyl le 28 juin 1914, Mgr Wolf n'a pas pu revenir dans son vicariat du Togo à cause de la Première Guerre mondiale. Le père Witte a été nommé pro-vicaire (1914-1918). Mais à la suite de l'expulsion des missionnaires allemands du Togo, Mgr Hummel est nommé administrateur apostolique, charge qu'il a occupée jusqu'en 1921.

[5] ANNUARIO PONTIFICIO 2019, pp. 703-704.

prêtres religieux) ; 136 religieux (38 religieux et 98 religieuses) et 38 séminaristes.

Les Ordinaires

Joseph STREBLER, SMA (1937-1945)
Jérôme-Théodore LINGENHEIM, SMA (1946-1964)
Chrétien Matawo BAKPESSI (1965-1992)
Ambroise Kotamba DJOLIBA (1993-2016)
Célestin-Marie Bawilima GAOUA (2016 -)

DIOCESE DE DAPAONG (*Dioecesis Dapangoënsis*)[6]

D'abord préfecture apostolique le 1er mars 1960, il devient diocèse de Dapaong le 6 juillet 1965. Il couvre une superficie de 8 534 Km^2, comprenant les préfectures de l'Oti, Tone, Kpendjal, Tandjouaré et de Cinkassé. Sa population totale s'élève à environ 885 636 habitants dont 83 337 catholiques. Le diocèse de Dapaong est subdivisé en 19 paroisses. Il compte 67 prêtres (38 prêtres diocésains et 29 prêtres religieux), 134 religieux (61 religieux et 73 religieuses), 31 séminaristes.

Les Ordinaires

Barthelemy HANRION, OFM (1960-1984)
Pierre REINHARD, OFM (*Administrateur apostolique 1984-1991*)
Jacques Nyimbusède T. ANYILUNDA (1991-2016)
Dominique Banlène GUIGBILE (2017 -)

---

[6] ANNUARIO PONTIFICIO 2019, p. 206.

DIOCESE D'ATAKPAME (*Dioecesis Atakpamensis*)[7]

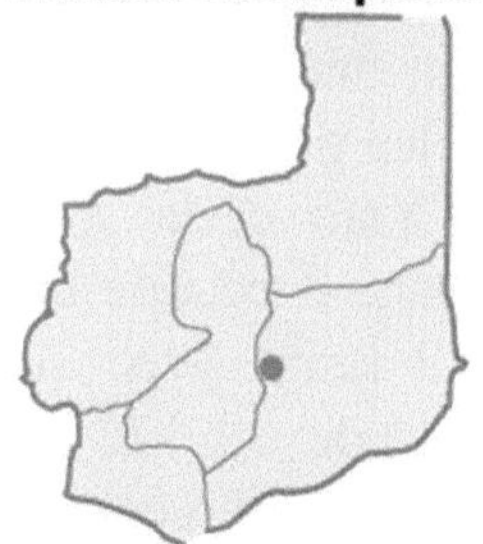

Le diocèse d'Atakpamé a été créé le 29 septembre 1964. Son territoire était compris entre le diocèse de Sokodé et l'archidiocèse de Lomé. Mais en 1994, il céda une partie de son territoire au nouveau diocèse de Kpalimé. Actuellement, le diocèse d'Atakpamé couvre une superficie de 13 900 km^2 (préfectures de l'Ogou, d'Amou, de Wawa, Blitta, l'Est-Mono et la sous-préfecture de l'Akébou). De par son territoire, il est le plus grand diocèse du Togo. Il compte une population d'environ 956 070 habitants dont 337 939 catholiques. Le nombre de ses paroisses s'élève à 39 et il y a 7 chapelles. Le diocèse compte 79 prêtres (76 prêtres diocésains et 3 prêtres religieux), 114 religieux (11 religieux et 103 religieuses) et 88 séminaristes.

Les Ordinaires

Bernard Oguki ATAKPAH (1964-1976)
Philippe Fanoko KPODZRO (1976-1993)
Jean-Baptiste BEDIAKOU (*Administrateur apostolique, 1993*)
Julien Mawule KOUTO (1993-2006)
Benoît Comlan ALOWONOU (*Administrateur apostolique 2006-2008*)
Nicodème Y. A. BARRIGAH-BENISSAN (2008 -2019)[8]

---

[7] ANNUARIO PONTIFICIO 2019, p. 60.

[8] Nommé archevêque de Lomé, il assure l'administration du diocèse d'Atakpamé, en attendant la nomination d'un nouvel évêque pour le compte du diocèse d'Atakpamé.

DIOCESE D'ANEHO (*Dioecesis Anehensis*)[9]

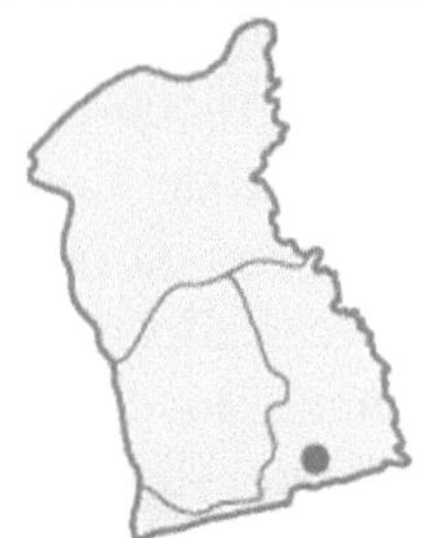

Erigé le 1er juillet 1994, le diocèse d'Aného s'étend sur une partie de la Région maritime : les préfectures du Lacs, du Vo, du Yoto et la sous-préfecture d'Afagnan. Il occupe une superficie de 2 712 km^2. Avec une population totale de 1 122 316 habitants, le diocèse d'Aného compte 284 345 catholiques. Il est subdivisé en 33 paroisses. Y missionnent 114 prêtres (dont 105 prêtres diocésains et 9 prêtres religieux). Les membres des instituts religieux masculins s'élèvent à 35 ; et les instituts religieux féminins au sein du diocèse comptent 112 membres. Le diocèse prépare 80 candidats au sacerdoce.

Les Ordinaires

Victor Dovi HOUNNAKE (1994-1995)
Paul Jean-Marie DOSSAVI (1996-2005)
Isaac Jogues Agbémenya Kodjo GAGLO (2007 -)

---

9 ANNUARIO PONTIFICIO 2019, p. 45.

DIOCESE DE KARA (*Dioecesis Karaënsis*)[10]

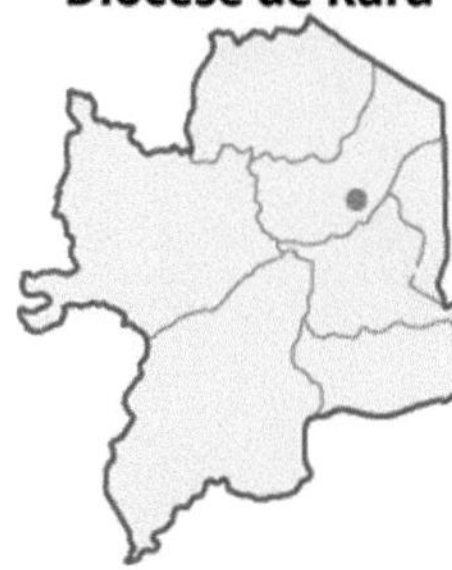

Le diocèse de Kara est érigé le 1er juillet 1994 et couvre un territoire de 10 590 Km². Sa population s'élève à environ 844 090 habitants, parmi lesquels vivent 162 181 catholiques. Le diocèse s'étend sur les préfectures de Bassar, Dankpen, Keran, Doufelgou, Binah, Kozah. Il compte 35 paroisses, 109 prêtres (79 prêtres diocésains et 30 prêtres religieux) et 175 religieux (67 religieux et 108 religieuses). Le Diocèse de Kara a 42 séminaristes.

Les Ordinaires

Ernest Patili ASSI (1994-1996)
Ignace Baguibassa SAMBAR-TALKENA (1996-2009)
Jacques Danka LONGA (2009 -)

DIOCESE DE KPALIME (*Dioecesis Kpalimensis*)[11]

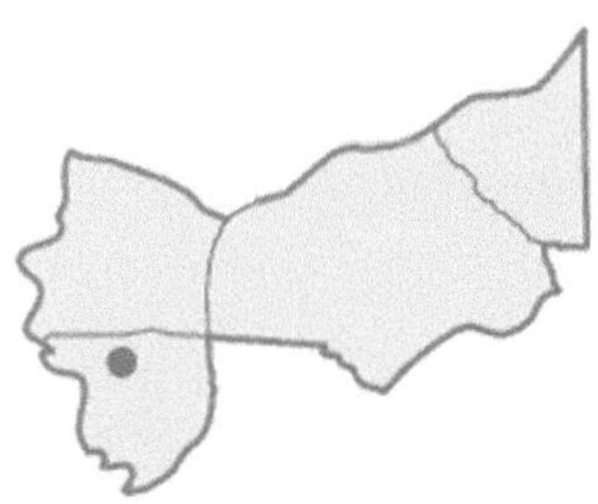

Le diocèse de Kpalimé est créé le 1er juillet 1994. Il couvre une partie du sud du Togo. Il s'étend sur une superficie de 6 447 Km² et sa population totale s'élève à environ 1 000 515 habitants, dont 433 715 catholiques. Le diocèse compte 52 paroisses. Les prêtres sont au nombre de 126 (104 prêtres diocésains, 22 prêtres religieux). Le nombre

[10] ANNUARIO PONTIFICIO 2019, p. 350.
[11] ANNUARIO PONTIFICIO 2019, p. 375.

des religieux s'élève à 160 (50 religieux, 110 religieuses). Les séminaristes sont au nombre de 83.

Les Ordinaires

Pierre SESHIE (1994-2000)
Benoît Comlan Messan ALOWONOU (2001 -)

La hiérarchie de l'Église catholique du Togo (1892-2020)[1]

Johannes SCHÄFER, SVD (1857-1930)

Né le 25 décembre 1857, il est ordonné prêtre le 19 juin 1886. Il a été pro-préfet apostolique de la préfecture apostolique du Togo de 1892 à 1894. Il est le premier supérieur de la mission du Togo. Il a été à la tête de la première équipe des missionnaires allemands qui sont arrivés au Togo en août 1892.

Matthias DIER, SVD (1859-1924)

Le père Dier est né le 1 novembre 1859. Il a été pro-préfet de la préfecture apostolique du Togo de 1894 à 1896. Il est parmi la première équipe de missionnaires de la Société du Verbe Divin à venir au Togo en 1892. Il est mort le 4 novembre 1924.

Herman BÜCKING, SVD (1863-1931)

Né le 7 novembre 1863 à Borbeck en Allemagne, il est ordonné prêtre le 11 mai 1890. Il est envoyé au Togo en 1894 où il a été préfet apostolique jusqu'à sa démission en août 1907, suite à des conflits qui l'ont opposé aux autorités

[1] Ces notices biographiques sont présentées par ordre chronologique des nominations à la charge pastorale des préfectures apostoliques et des diocèses. Elles ont été rédigées en consultant les documents suivants : K. MÜLLER, *Histoire de l'Église catholique au Togo* ; ŒUVRES PONTIFICALES DE PROPAGATION DE LA FOI, *L'Église catholique en Afrique occidentale et centrale*, 2006 ; ANNUARIO PONTIFICIO 2019 ; http://www.catholic-hierarchy.org/; https://defunts.smainternational.info/fr; https://www.archidiocesedelome.org/archeveques.htm.

coloniales allemandes au sujet de la conduite morale et religieuse de celles-ci. Sous la pression du gouvernement allemand, il quitte le Togo le 27 novembre 1907. De retour en Europe, il devient conseiller général de sa congrégation à Steyl (Pays-Bas). Il a été aussi maître des novices de la Société du Verbe Divin. Il meurt à Münster le 10 juin 1931.

Nicolas SCHÖNIG, SVD (1867-1925)

Né en 1867 en Allemagne, le père Nicolas a été missionnaire au Togo. À la suite du départ du père Büking, Nikolas Schönig est nommé supérieur de la mission et pro-préfet du Togo en 1907. Le 20 mars 1910, il devient le préfet apostolique du Togo. Quand la préfecture apostolique du Togo est érigée en vicariat apostolique le 16 mars 1914, le père Nikolas Schönig a démissionné de sa charge de préfet. C'est ainsi que le père Franz Wolf a été nommé premier vicaire apostolique du Togo. Le père Nicolas Schönig décède en 1925.

Franziskus WOLF, SVD (1876-1944)

Il est né le 2 février 1876 à Borbeck en Allemagne. Ordonné prêtre le 5 février 1899, il est envoyé au Togo le 2 mai 1899. Le 16 mars 1914, il devient le premier vicaire apostolique du nouveau vicariat du Togo. Il est nommé évêque titulaire de Byblus. Il reçoit l'ordination épiscopale à Steyl aux Pays-Bas le 28 juin 1914. La Première Guerre mondiale qui éclate juste un mois après son ordination ne lui permet plus de revenir au Togo. Il a été *de iure* le vicaire apostolique du Togo pendant sept ans (1914-1921). Lorsque le vicariat apostolique du Togo devait être confié à la Société des Missions Africaines, il renonce à sa charge de vicaire apostolique du Togo en janvier 1921. L'année suivante, Mgr Wolf a été nommé vicaire apostolique en Nouvelle-Guinée orientale le 24 novembre 1922. Le 15 août 1923, il rejoint sa nouvelle mission où il commence une nouvelle aventure pastorale. Son activité apostolique a été de nouveau mise à mal par les événements de la Deuxième Guerre mondiale. Déporté dans le camp d'internement japonais de Hollandia (actuelle ville indonésienne de Jayapura), il y meurt le 23 février 1944 des suites de graves blessures et d'épuisement.

Jean-Marie CESSOU, SMA (1884-1945)

Né le 18 décembre 1884 à Quimper (en Bretagne), le père Jean-Marie Cessou est ordonné prêtre le 19 juillet 1908. Passionné pour la mission, son modèle est l'apôtre Paul. Après son ordination, il est envoyé au Libéria sur la demande de Mgr Kyne, alors préfet apostolique du Libéria. De 1908-1914, il y travaille comme missionnaire particulièrement à Sasstown. Pendant la Première Guerre mondiale il a été enrôlé dans l'armée française. Il participe aux expéditions françaises au Cameroun et en France. Pendant son séjour au Cameroun, il a pu rouvrir la mission de Yaoundé, d'où les pères pallotins allemands ont été expulsés. De retour en France en 1917, il devient élève officier à l'École militaire de Saint-Maixant. Il a été envoyé plus tard combattre sur le front d'Artois. Démobilisé en 1919, il a été envoyé dans la mission d'Abeokuta (Nigéria), dans le vicariat apostolique du Bénin, comme supérieur de la mission. Le 11 janvier 1921, il est nommé administrateur apostolique du Togo français. Arrivé au Togo en septembre de la même année, son premier travail apostolique est de relever la mission du Togo que les missionnaires allemands de la Société du Verbe Divin ont dû laisser parce qu'ils ont été expulsés du pays. Nommé vicaire apostolique du Togo, sous le titre d'évêque *in partibus* de Verinopolis, le 20 mars 1923, il reçoit l'ordination épiscopale en la cathédrale sacré-cœur de Lomé le 15 juillet de la même année. Le 22 septembre 1928, il a eu l'honneur d'ordonner le premier prêtre du Togo français, le père Kwakumé. Touché par une congestion cérébrale le 17 février 1945, il meurt le 3 mars de la même année. Il est inhumé dans l'église saint Augustin d'Amoutivé qu'il a fait construire entre 1933-1934.

Joseph STREBLER, SMA (1892-1984)

Il est né le 12 septembre 1892 à Mertzwiller, alors territoire allemand. Ordonné prêtre dans la Société des Missions Africaines le 10 juillet 1921, il est envoyé en mission au Ghana le 30 octobre de la même année. Après une dizaine d'années au Ghana, il est nommé premier préfet apostolique de Sokodé le 24 juillet 1937. Quelques années plus tard, il devient vicaire apostolique de Lomé, le 8 novembre 1945, succédant ainsi à Mgr Jean-Marie Cessou. Il reçoit l'ordination épiscopale à Strasbourg le 29 juin 1946 sous le titre d'évêque *in partibus* de Curubis. Lorsque le vicariat apostolique de Lomé est érigé en archidiocèse le 14 septembre 1955, il a été intronisé comme premier archevêque de Lomé par le cardinal Tisserant le 24 février 1956. Il démissionne le 16 juin 1961 et est nommé archevêque *in partibus* de Nicopolis en Épire. Il quitte le Togo le 23 juin 1962. Il se retire à Saint-Pierre en Alsace où il s'est dédié à de nombreuses recherches historiques sur la Société des Missions Africaines et les missions. Il a participé aux sessions du concile Vatican II entre 1962-1965. Il démissionne du titre d'archevêque *in partibus* de Nicopolis en Épire le 11 juin 1971. Il meurt le 12 mars 1984 à Saint-Pierre à l'âge de 91 ans. Il est inhumé au cimetière des pères et frères de la Société des Missions Africaines à Saint-Pierre en Alsace.

Jérôme-Théodore LINGENHEIM, SMA (1906-1985)

Il est né le 9 novembre 1906 à Hochstett en Alsace, dans le diocèse de Strasbourg. Très jeune, il a senti le désir de se faire missionnaire. Il entre alors chez les pères de la Société des Missions Africaines. Après son ordination sacerdotale, le 3 janvier 1932 à Lyon, il a poursuivi ses études jusqu'à l'obtention de son doctorat en théologie en 1934. Au cours de la même année, il est envoyé dans le vicariat apostolique du Togo. Après avoir pris plusieurs charges pastorales au sein du vicariat, il est nommé préfet apostolique de Sokodé le 7 juin 1946. Lorsque la préfecture de Sokodé a été élevée au rang de diocèse le 14 septembre 1955, le père Jérôme devient administrateur apostolique. Le 4 juillet 1956, il est nommé évêque du nouveau diocèse de Sokodé par le pape Pie XII. Il reçoit l'ordination épiscopale le 28 octobre 1956 à Strasbourg et a été intronisé comme premier évêque de Sokodé le 1er juin de la même année. Étant évêque au cours de la période conciliaire, il a participé au concile Vatican II. Après environ 18 ans à la tête de l'Église de Sokodé, il rend sa démission le 18 novembre 1964 et est nommé évêque *in partibus* de Thunudruma. Il se retire ensuite en France, où il a rendu des services dans le diocèse de Metz. Il meurt le 3 mai 1985 après une vie donnée à la mission et au service de l'Église.

Robert-Casimir DOSSEH-ANYRON (1925-2014)

Il est né le 13 octobre 1925 à Vogan. Après ses études de philosophie et de théologie, il est ordonné prêtre le 21 décembre 1951 à Rome. Il poursuit ses études dans la Ville éternelle jusqu'à l'obtention de son doctorat en théologie le 12 janvier 1955. De retour au Togo, il a assumé divers services pastoraux au sein de l'archidiocèse de Lomé. Nommé directeur de l'enseignement catholique, il devient plus tard vicaire général de l'archidiocèse. Il est nommé deuxième archevêque de Lomé le 10 mars 1962. Il est le premier évêque togolais. Il reçoit l'ordination épiscopale en l'église saint Augustin d'Amoutivé le 10 juin 1962 par l'imposition des mains du cardinal Julius Döpfner, archevêque de Munich. Il a participé aux sessions du concile Vatican II (1962-1965). Il démissionne de sa charge d'archevêque le 13 février 1992. Après quelques années passées en Suisse, il revient au Togo à partir de l'année 2009. Il meurt le 15 avril 2014 des suites de maladie. Il est le premier archevêque qui repose dans la cathédrale Sacré-Cœur de Lomé.

Bernard Oguki ATAKPAH (1919-1977)

Né à Atakpamé le 1er février 1919, il devient prêtre le 14 janvier 1951 à Lomé. Nommé premier évêque d'Atakpamé le 29 septembre 1964, il reçoit l'ordination épiscopale le 3 décembre de la même année à Bombay (Inde) par l'imposition des mains du saint pape Paul VI. La devise de son armoirie est tirée de 2 Tim 4, 5 : « *Opus fac evangelistae* » (Fais œuvre d'évangélisation). Il a participé à la troisième et à la quatrième session du concile Vatican II (1964-1965). Il est connu pour ses contentieux avec le régime du président Gnassingbé Éyadéma. Frappé par la maladie, il démissionne de sa charge d'évêque d'Atakpamé le 10 avril 1976. Il meurt le 26 février 1977 à l'hôpital saint Jean de Dieu d'Afagnan. Inhumé le 12 mars 1977 à Atakpamé, il repose aujourd'hui dans la crypte de la cathédrale sainte Trinité de la même ville.

Barthélémy HANRION, OFM (1914-2000)

Il est né le 10 janvier 1914 à Grenay en France. Baptisé sous le nom de Pierre, il entre au noviciat des frères franciscains le 28 octobre 1934 sous le nom de frère Barthélemy. Le 1er novembre 1935, il fait sa profession temporaire ; et le 14 mai 1942, il est admis aux vœux perpétuels. Il est ordonné prêtre le 29 juin 1943. Après divers services pastoraux en France, il est envoyé au Togo. Nommé à la tête de la nouvelle préfecture apostolique de Dapaong, il en devient le premier préfet le 29 mars 1960. Lorsque Dapaong devient diocèse, il est nommé premier évêque le 6 juillet 1965. Il reçoit l'ordination épiscopale le 9 janvier 1966 à Dapaong par l'imposition des mains du cardinal Zoungrana. Il a participé aux trois dernières sessions du concile Vatican II (1963-1965). Devenu émérite le 18 septembre 1984, il meurt le 26 avril 2000. Inhumé le 3 juin de la même année, il repose dans la crypte de la cathédrale saint Charles Lwanga de Dapaong.

Chrétien Matawo BAKPESSI (1924-1992)

Né en 1924 à Yadé, il est ordonné prêtre le 21 décembre 1952. Nommé évêque de Sokodé le 9 août 1965, il reçoit l'ordination épiscopale à Rome le 5 décembre de la même année par l'imposition des mains du cardinal Agagianian, alors préfet de la *Propaganda Fide*. Le nouvel évêque a été intronisé comme deuxième évêque de Sokodé le 16 janvier 1966. Premier évêque togolais du diocèse de Sokodé, il a participé au développement de l'Église dans cette région du pays. Il meurt le 27 avril 1992.

Philippe Fanoko KPODZRO

Né le 30 mars 1930 à Tomégbé, il reçoit l'ordination sacerdotale le 20 décembre 1959 à Rome. Après avoir assumé diverses charges pastorales à Lomé et à Atakpamé, il est nommé administrateur apostolique du diocèse d'Atakpamé le 19 décembre 1975 sous le titre d'évêque titulaire de Bacanaria. À la suite de la démission de Mgr Atakpah, Mgr Kpodzro devient le deuxième évêque du diocèse d'Atakpamé le 10 avril 1976. Il reçoit l'ordination épiscopale le 2 mai 1976 en l'église saint Augustin d'Amoutivé, dans un contexte de tension avec le régime politique en place. Après son ordination, il n'a pas pu regagner immédiatement son diocèse. Il a connu l'exil. Et c'est de loin qu'il a tenté de diriger son diocèse dans la mesure du possible. Il rejoint finalement le diocèse environ quatre ans plus tard, après son ordination épiscopale à Lomé. En 1991 il est choisi comme Président de la Conférence nationale du Togo. Et le 17 décembre 1992, il est nommé archevêque métropolitain de Lomé, après la démission de Mgr Dosseh. Le 8 juin 2007, le pape Benoît XVI a accepté sa démission pour limite d'âge. Émérite, il vit sa retraite à Lomé. Il est connu pour ses prises de position vis-à-vis du régime politique en place.

Jacques Tukumbé Nyimbusède ANYILUNDA

Né en 1946 à Kandé, il est ordonné prêtre le 5 juillet 1973. Nommé deuxième évêque de Dapaong le 3 décembre 1990, il reçoit l'ordination épiscopale le 13 avril 1991. Il démissionne de sa charge épiscopale le 15 novembre 2016.

Ambroise Kotamba DJOLIBA

Né en 1938 à Siou, il reçoit l'ordination sacerdotale le 11 avril 1966. Nommé le 5 avril 1993, il est ordonné évêque le 7 août de la même année. Il démissionne de sa charge épiscopale le 3 janvier 2016. Actuellement évêque émérite, il vit à Sokodé.

Julien Mawulé KOUTO (1946-2015)

Né le 19 juin 1946 à Lomé, il est ordonné prêtre le 29 juin 1975 par le saint pape Paul VI. Nommé évêque d'Atakpamé le 18 octobre 1993, il reçoit l'ordination épiscopale le 6 janvier 1994 à Rome par l'imposition des mains du saint pape Jean-Paul II. Il est intronisé comme troisième évêque d'Atakpamé le 13 février 1994. Après quelques contentieux avec son clergé, il démissionne de sa charge épiscopale le 1er mars 2006. Retiré à Lomé, il meurt le 5 juin 2015. Il est inhumé dans la crypte de la cathédrale sainte Trinité d'Atakpamé le 26 juin 2015.

Ernest Patili ASSI (1936-1996)

Né le 31 décembre 1936 à Bohou, il est ordonné prêtre le 28 juin 1964 à Niamtougou par Mgr Jérôme LINGENHEIM. Nommé premier évêque du nouveau diocèse de Kara le 1er juillet 1994, il reçoit l'ordination épiscopale le 15 octobre de la même année par l'imposition des mains du cardinal Jozef TOMKO, alors préfet de la congrégation pour l'évangélisation des peuples. Il est intronisé le 23 octobre 1994. Sa devise est : « *Ecce nova facio omnia* ». Il meurt deux ans plus tard, le 16 février 1996.

Pierre Koffi SESHIE (1941-2000)

Il est né le 1er août 1941 à Azahoun. Il reçoit l'ordination sacerdotale le 4 mai 1969 à Rome. Le 1er juillet 1994 il est nommé premier évêque du nouveau diocèse de Kpalimé. Il reçoit l'ordination épiscopale le 15 octobre de la même année à Lomé. Il meurt six ans plus tard, le 25 avril 2000.

Victor Dovi HOUNNAKE (1937-1995)

Né le 6 juin 1937 à Afanya-Gbleta, il est ordonné prêtre le 10 janvier 1966. Nommé premier évêque du nouveau diocèse d'Aného le 1er juillet 1994, il reçoit l'ordination épiscopale le 15 octobre de la même année. Après environ 10 ans de service pastoral à la tête du diocèse d'Aného, il est le dernier de la triade des nouveaux évêques[2] des diocèses érigés en 1994 à mourir. Il meurt le 4 août 1995 à Aného à l'âge de 58 ans.

Paul Jean-Marie DOSSAVI (1934-2005)

Né le 26 juin 1934 à Bokpa (Bénin), il est ordonné prêtre le 30 juin 1963. À la mort de Mgr Hounnake, il est nommé évêque d'Aného le 23 février 1996. Son ordination épiscopale a eu lieu le 28 avril de la même année. Il est le deuxième évêque du diocèse d'Aného. Il meurt à Aného le 13 septembre 2005.

Ignace Baguibassa SAMBAR-TALKENA (1935-2013)

Il voit le jour à Baga le 31 mars 1935. Ordonné prêtre le 30 juin 1963, il est appelé au service épiscopal le 30 novembre 1996. Il est ordonné comme deuxième évêque de Kara le 6 janvier 1997. Devenu émérite le 7 janvier 2009, il meurt le 3 février 2013.

Benoît Comlan Messan ALOWONOU

Né le 5 mars 1949 à Tsévié, il est ordonné prêtre le 28 juillet 1984. Après avoir assumé diverses charges pastorales dans l'archidiocèse de Lomé, il est nommé évêque de Kpalimé le 4 juillet 2001. Il reçoit l'ordination épiscopale le 29 septembre de la même année. Il a été intronisé comme deuxième évêque de Kpalimé le même jour par Mgr Philippe KPODZRO.

---

[2] Il s'agit de Mgr Assi (diocèse de Kara), Mgr Seshie (diocèse de Kpalimé), et Mgr Hounnake (diocèse d'Aného).

Denis Komivi AMUZU-DZAKPAH

Il voit le jour le 10 octobre 1943 à Kpogamé. Il est ordonné prêtre le 22 mai 1972 à Gars-am-Inn en Allemagne par le cardinal Julius Döpfner. Après divers services pastoraux, il est nommé professeur au Grand séminaire de Lomé (1984-1991). De 1992 à 1998, il devient secrétaire général de la conférence des évêques de la Région ouest-africaine. Devenu vicaire général de l'archidiocèse de Lomé puis secrétaire de la conférence des évêques du Togo, il est nommé archevêque de Lomé le 8 juin 2007. Il reçoit l'ordination épiscopale à Lomé le 15 août 2007 par l'imposition des mains du cardinal Christian Tumi. Le lendemain de son ordination, il a été intronisé comme le quatrième archevêque métropolitain de Lomé. Atteint par la limite d'âge, il démissionne de sa charge le 23 novembre 2019.

Isaac Jogues Agbémenya Kodjo GAGLO

Né le 7 octobre 1958 à Kpémé, il est ordonné prêtre le 9 août 1985 à Kara par l'imposition des mains du saint pape Jean-Paul II lors de sa visite apostolique au Togo. Nommé évêque d'Aného le 3 décembre 2007, il est ordonné le 2 février 2008. Il a été intronisé comme troisième évêque du diocèse d'Aného.

Nicodème Yves Anani BARRIGAH-BENISSAN

Né le 19 mai 1963 à Ouagadougou, il est ordonné prêtre le 8 août 1987 à Atakpamé. Après ses études et sa formation à l'Académie pontificale de Rome, il a été secrétaire de la Nonciature au Rwanda, Salvador, Côte d'Ivoire ; puis conseiller à la nonciature d'Israël. Nommé quatrième évêque d'Atakpamé le 9 janvier 2008, il reçoit l'ordination épiscopale le 9 mars de la même année à Atakpamé par l'imposition des mains du cardinal Turkson. Il a été président de la Commission « Vérité, Justice et Réconciliation » au Togo. Après environ onze ans passés au service du diocèse d'Atakpamé, il est nommé archevêque de Lomé et administrateur du diocèse d'Atakpamé le 23 novembre 2019. Le 11 janvier 2020, il a été intronisé comme le cinquième archevêque de Lomé.

Jacques Danka LONGA

Né le 26 juillet 1961 à Sokodé, il est ordonné prêtre le 25 janvier 1992. Incardiné dans le diocèse de Kara à partir du 1er juillet 1994, il est nommé évêque coadjuteur du même diocèse le 23 avril 2008. Il reçoit l'ordination épiscopale le 26 juillet de la même année. Suite à la démission de Mgr Ignace SAMBAR-TALKENA, il a été intronisé comme troisième évêque de Kara le 7 janvier 2009.

Célestin-Marie Bawilima GAOUA

Né le 6 avril 1957 à Wahala, il est ordonné prêtre le 27 décembre 1986. Après avoir été plusieurs fois recteur de séminaire (Foyer saint Paul, 1987-1991 ; Séminaire père Jérémie Moran, 1991-1994 ; grand séminaire de philosophie, 2009-2015), il a suivi une étude de spécialisation en France entre 1994 et 1999. Prêtre missionnaire « fidei donum » dans le diocèse de Sokodé depuis 1999, il est nommé recteur du Philosophat Benoît XVI de Tchichao en 2009. Le 3 janvier 2016, il est nommé évêque du diocèse de Sokodé, après la démission de Mgr Ambroise DJOLIBA. Il reçoit l'ordination épiscopale le 5 mars 2016. Il est le quatrième évêque du diocèse de Sokodé.

Dominique Banlène GUIGBILE

Né le 30 décembre 1962 à Kpandéntangue-B, il est ordonné prêtre le 30 décembre 1992. Après avoir occupé plusieurs charges importantes dans son diocèse, il est nommé évêque du diocèse de Dapaong le 15 novembre 2016. Il a reçu l'ordination épiscopale le 4 février 2017. Il succède ainsi à Mgr Jacques Tukumbé Nyimbusède ANYILUNDA, désormais évêque émérite. Il est le troisième évêque du diocèse de Dapaong.

Chronologie de l'histoire de l'Église catholique du Togo[1]

DATE	RELIGION	POLITIQUE
1860		
28 août	Érection du vicariat apostolique du Dahomey	
1863		
13 fév.	Deux premiers baptêmes d'enfants togolais à Aného par le père Borghero, SMA	
1870		
23 août	Le vicariat apostolique du Dahomey devient vicariat apostolique de la côte du Bénin	
1875		
	Le père Arnold JANSSENS fonde la Société du Verbe Divin à Steyl (Pays-Bas)	
1879		
27 sept.	Érection de la préfecture apostolique de Gold Coast	
1883		
26 juin	Création de la préfecture apostolique du Dahomey par démembrement du vicariat apostolique de la côte du Bénin	
19 juil.		Protectorat français sur Grand Popo, Aného, Porto Seguro

[1] Pour établir cette chronologie, nous nous sommes inspirés du livre de K. MÜLLER, *Histoire de l'Église catholique au Togo*, pp. 241-247.

DATE	RELIGION	POLITIQUE
1884		
2 juil.		Les Allemands occupent Porto Seguro et Aného
5 juil.		Signature du Protectorat à Togoville
1885		
Janvier	Première tournée d'une équipe de missionnaires sur le territoire du Togoland. Elle est guidée par le père Ménager, SMA	
Décembre	Tentative d'implantation d'une mission catholique à Adangbé	
1886		
22 mars	Fondation de la première mission catholique à Atakpamé par les pères Jérémie Moran et Aimé Beauquis, SMA	
1887		
6 jan.	Don d'un terrain aux missionnaires sur une des collines d'Atakpamé	
24 mai		Un traité fixe la frontière entre le Togoland et le Dahomey
7 août	Mort du père Jérémie MORAN, SMA à Atakpamé. Fermeture de la Mission d'Atakpamé	

DATE	RELIGION	POLITIQUE
1892		
12 avr.	Érection de la préfecture apostolique du Togo. Elle est confiée à la Société du Verbe Divin	
4 juin	Le père Johann SCHÄFER, SVD est nommé pro-préfet apostolique du Togo	
26 août	Arrivée des cinq premiers missionnaires SVD à Lomé	
28 août	Début de la première évangélisation du Togo. Célébration de la première messe des missionnaires SVD sur le sol togolais	
3 sept.	Pose solennelle de la première pierre de la Mission de Lomé	
18 sept.	Bénédiction de la première chapelle à Lomé	
25 déc.	Célébration solennelle du premier Noël au Togo. Premier baptême d'adultes	
1893		
2 avr.	Fondation de la mission d'Adjido	
24 mai	Pose solennelle de la première pierre de la mission de Togoville	
Juillet	Fondation de la mission de Tokpli par les pères Dorgère, Teyssier et Asportd, SMA	
1894		
2 juin	Retour en Europe du père Schäfer malade	
18 juil.	Nomination du père Dier comme administrateur apostolique	
1895		
13 fév.	Fondation de la mission de Porto-Séguro	
3 juin	Fondation de la mission d'Aného	
1896		
28 juil.	Le père Bücking est nommé premier préfet apostolique	

DATE	RELIGION	POLITIQUE
1897		
6 mars	Arrivée des premières religieuses au Togo	Lomé devient la capitale du Togoland
1898		
24 déc.	Premier mariage chrétien au Togo	
1900		
19 juil.	Réouverture de la mission d'Atakpamé par les missionnaires SVD. Elle est baptisée station d'Arnold.	
1901		
	Fondation de la mission de Tsévié	
22 avr.	Début de la construction de l'église Sacré-Cœur de Lomé. Les travaux sont dirigés par le frère Johannes	
2 juin	Pose de la première pierre de l'église du Sacré-Cœur de Lomé	
20 juin	Extension de la préfecture apostolique du Togo jusqu'au Mono	
1902		
20 fév.	Extension de la préfecture apostolique du Togo jusqu'au 11e degré	
2 avril	Fondation de la mission de Kpalimé	
21 sept.	Consécration de l'église du Sacré-Coeur de Lomé par Mgr Albert, vicaire apostolique de Gold Coast	

DATE	RELIGION	POLITIQUE
1904		
23 août	Fondation de la mission de Kpando	
1906		
Janvier	Fondation de la mission de Gbi-Bla	
1907		
	Fondation de la mission d'Adéta.	
3 sept.	Départ du père Bücking	
6 déc.	Le Père Schönig est nommé pro-préfet apostolique	
1908		
	Fondation de la mission de Ho et d'Azahoun	
28 août	Création de l'école normale de Gbi-Bla	
1909		
	Début du Cours complémentaire à Lomé	
Juillet	Ouverture d'une imprimerie à Lomé	
1910		
	Fondation de la mission d'Agou	
20 mars	Le père Schönig est nommé préfet apostolique	
1911		
Janvier	Parution du premier numéro de la revue *Mia holo*	
27 oct.	Visite du père Blum, supérieur général des SVD	
1913		
10 mars	Fondation de la mission d'Alédjo	

DATE	RELIGION	POLITIQUE
1914		
16 mars	Érection du vicariat apostolique du Togo. Démission du père Schönig comme préfet apostolique. Le père Franz Wolf est nommé premier vicaire apostolique du Togo	
28 juin	Ordination épiscopale de Mgr Wolf à Steyl	
28 juil.		Début de la Première Guerre mondiale
8 août		Début de la guerre au Togoland
27 août		Capitulation des Allemands au Togoland. Premier partage du Togo entre les Français et les Anglais
28 août	Jubilé d'argent de l'Église catholique du Togo	
1917		
11 oct.	Début de la déportation des missionnaires allemands du Togo	
1918		
10 jan.	Départ des derniers missionnaires allemands	
11 jan.	Mgr Hummel, Vicaire apostolique de Gold Coast, est nommé administrateur provisoire du vicariat apostolique du Togo	
16 jan.	Arrivée à Lomé des pères Reymann et Riebstein, SMA	
28 jan.	Reprise des activités scolaires à Lomé	

DATE	RELIGION	POLITIQUE
1918		
4 mars	Arrivée à Lomé des premières Sœurs de Notre-Dame des Apôtres	
11 nov.		Capitulation de l'Allemagne et fin de la Première Guerre mondiale
1919		
10 juil.		La Société des Nations entérine le deuxième partage du Togo
1921		
Janvier	Démission de Mgr Franz Wolf comme vicaire apostolique du Togo	
11 jan.	Le père Jean-Marie Cessou est nommé administrateur apostolique du Togo français	
23 sept.	Arrivée du père Jean-Marie Cessou à Lomé	
1922		
2 juil.	Ordination sacerdotale du père Dogli, premier prêtre du Togo (Togo britannique)	
1923		
15 mars	Erection du vicariat apostolique de Kéta (Togo britannique)	
20 mars	Le père Jean-Marie Cessou est nommé vicaire apostolique du Togo	
14 juil.	Ordination épiscopale de Mgr Herman, premier vicaire apostolique de Kéta	
15 juil.	Ordination épiscopale de Mgr Jean-Marie Cessou à Lomé	
1926		
26 nov.	Fondation de la mission de Tchitchao	

DATE	RELIGION	POLITIQUE
1927		
Février	Arrivée des premières Sœurs de Menton à Atakpamé	
Mars	Ouverture de l'école des catéchistes à Togoville	
1928		
	Fondation de la mission d'Agadji	
23 sept.	Ordination sacerdotale du père Kwakumé, premier prêtre du Togo français	
1929		
1er juil.	Fondation de Vogan	
14 août	Fondation de Sokodé	
1930		
	Fondation de Noépé	
25 sept.	Fondation de Lama-Kara	
1933		
31 mars	Fondation de Bassari	
3 sept.	Pose de la première pierre à Amoutivé	
1936		
	Fondation de Mango	
14 sept.	Fondation de Tomegbé	
1937		
18 mai	Création de la préfecture apostolique de Sokodé	
24 juil.	Mgr Strebler est nommé préfet apostolique de Sokodé	
1940		
7 jan.	Pose de la première pierre à Mango	
1 sept.	Fondation de Notsé	
9 nov.	Pose de la première pierre à Bombouaka	
1942		
19 mars	Transfert à Yadé de la station de Tchitchao	
29 août	Fondation de Niamtougou	

DATE	RELIGION	POLITIQUE
1943		
12 sept.	Fondation d'Agbelouvé	
1945		
3 mars	Mort de Mgr Cessou à Lomé	
8 avr.	Mort de Mgr Herman à Lomé	
23 avr.	Le père Riebstein est nommé administrateur apostolique de Lomé	
8 nov.	Mgr Strebler est nommé vicaire apostolique de Lomé	
1946		
7 juin	Mgr Lingenheim est nommé préfet apostolique de Sokodé	
29 juin	Ordination épiscopale de Mgr Strebler à Marienthal	
13 déc.		Le Togo français passe sous la tutelle des Nations Unies
1948		
	Fondation d'Anié	
12 sept.	Pose de la première pierre du collège Saint Joseph de Lomé	
1949		
	Fondation de Koudjravi	
1950		
Janvier	Création d'un Secrétariat social à Lomé	
18 avr.	Érection de la hiérarchie ecclésiastique en Afrique anglophone et élévation du vicariat apostolique de Kéta au rang de diocèse	

DATE	RELIGION	POLITIQUE
1952		
Janvier	Dapaong devient une station principale	
15 août	Erection canonique de la Congrégation des Sœurs de Noépé	
28 sept.	Arrivée à l'hôpital de Lomé des Sœurs de Niederbronn	
21 déc.	Ordination sacerdotale du père Bakpéssi, premier prêtre originaire du nord du Togo	
1953		
28 juin	Pose de la première pierre du collège Notre-Dame des Apôtres de Lomé	
17 juil.	Arrivée des frères des Écoles chrétiennes à l'école normale de Togoville	
1954		
	Fondation de Nyékonakpoé et d'Adjido	
24 sept.	Arrivée des Sœurs de la Providence de saint André de Peltre à Nyékonakpoé	
1955		
16 jan.	Inauguration du Foyer Pie XII	
14 sept.	Erection de la hiérarchie ecclésiastique en Afrique francophone. Le Vicariat de Lomé est élevé au rang d'archidiocèse. Mgr Strebler est nommé premier archevêque de Lomé La préfecture apostolique de Sokodé devient le diocèse de Sokodé.	

DATE	RELIGION	POLITIQUE
1956		
21 avr.	Arrivée des sœurs de Saint-François de Rodez et départ des sœurs de Niederbronn	
9 mai		Référendum en faveur du rattachement du Togo britannique à la Gold Coast
4 juil.	Mgr Lingenheim est nommé premier évêque de Sokodé	
30 août		Le Togo devient République autonome. Nicolas Grunitzky devient chef du gouvernement
9 sept.	Pose de la première pierre du Petit Séminaire de Lomé-Tokoin	
12 sept.	Arrivée des premiers franciscains à Lomé	
28 oct.	Ordination épiscopale de Mgr Lingenheim à Strasbourg	
1957		
14 jan.	Arrivée des franciscains dans le nord du Togo	
15 oct.	Ouverture du Petit Séminaire de Lomé-Tokoin	
1958		
	Fondation de Kouvé et de Lomé-Hanoukopé	
Mai		Sylvanus Olympio devient Premier ministre
Sept.	Arrivée des maristes à Lama-Kara	
29 sept.	Fondation de la mission de Djon	

DATE	RELIGION	POLITIQUE
1960		
	Fondation de Pagala et Afagnan	
1 mars	Érection de la préfecture apostolique de Dapaong.	
29 mars	Le Père Hanrion est nommé préfet apostolique de la préfecture de Dapango	
13 avril	Arrivée à Lomé des sœurs de l'Œuvre de Saint-Augustin de Saint Maurice	
20 sept.		Le Togo est admis à l'ONU
27 avr.		Indépendance du Togo
1961		
	Arrivée à Dapaong des sœurs franciscaines missionnaires	
Janvier	Fondation du monastère bénédictin de Dzogbégan	
9 avr.		Adoption de la constitution. Sylvanus Olympio est élu Premier Président du Togo
29 mars	Arrivée des frères de saint Jean de Dieu à Afagnan	
6 juin	Démission de Mgr Strebler	
1962		
	Création du Foyer de Charité d'Alédjo	
10 mars	Mgr Dosseh-Anyron est nommé archevêque de Lomé	
10 juin	Ordination épiscopale de Mgr Dosseh-Anyron, premier évêque togolais	
23 juin	Départ de Mgr Strebler	

DATE	RELIGION	POLITIQUE
1963		
	Arrivée à Kandé des Filles du Sacré-Cœur de Vihiers	
	Arrivée à Lama-Kara des sœurs marianistes	
12 jan.		Mutinerie des anciens tirailleurs de l'armée française. Ils réclament leur intégration dans l'armée nationale
13 jan.		Premier coup d'État au Togo. Assassinat de Sylvanus Olympio.
Février	Arrivée à Dzogbégan des bénédictines de l'Abbaye de Dourgne	
5 mai		Nicolas Grunitzky devient président du Togo (1963-1967)
1964		
Février	Arrivée des pères comboniens de Vérone à Lomé et fondation de Kodjoviakopé	
2 fév.	Bénédiction et pose de la première pierre du Monastère des moniales de Dzogbégan	
Juillet	Arrivée à Noépé des sœurs de l'Assomption	
Septembre	Arrivée à Élavagnon des sœurs Ursulines du Malet	
29 sept.	Érection du diocèse d'Atakpamé. Mgr Atakpah est nommé premier évêque d'Atakpamé	

DATE	RELIGION	POLITIQUE
1964		
18 nov.	Démission de Mgr Lingenheim	
3 déc.	Ordination épiscopale de Mgr Atakpah à Bombay par le pape Paul VI	
1965		
	Arrivée à Afagnan des sœurs de la Consolata	
6 juil.	La préfecture apostolique de Dapaong devient diocèse de Dapaong. Mgr Hanrion est nommé évêque	
5 déc.	Ordination épiscopale de Mgr Bakpessi à Rome	
1966		
	Fondation de la mission d'Élavagnon	
9 jan.	Ordination épiscopale de Mgr Hanrion à Dapaong	
14 jan.	Inauguration des orgues de la cathédrale de Lomé	
15 août	Les Petites Servantes des saints Cœurs de Jésus et de Marie deviennent les sœurs de Notre Dame de l'Église	
1967		
	Fondation de Blitta, Tado et Gapé	
13 jan.		Deuxième coup d'État au Togo. Le colonel Kleber Dadjo devient président (13 janvier-14 avril 1967)
15 avr.		Etienne Eyadéma devient président de la République, chef du gouvernement et ministre de la Défense
27 août	Jubilé de diamant de l'Église du Togo	

DATE	RELIGION	POLITIQUE
1975		
19 déc.	Le père Kpodzro est nommé administrateur apostolique du diocèse d'Atakpamé	
1976		
10 avr.	Démission de Mgr Atakpah comme évêque d'Atakpamé	
2 mai	Ordination épiscopale de Mgr Kpodzro	
1977		
26 fév.	Décès de Mgr Atakpah	
1980		
13 jan.		Proclamation de la IIIe République
1982		
28 août	Création du grand séminaire de l'archidiocèse de Lomé par Mgr Dosseh-Anyron	
1983		
7 août	Ouverture du grand séminaire Jean Paul II de Lomé	
1984		
18 sept.	Démission de Mgr Hanrion comme évêque de Dapaong. Le père Reinhard est nommé administrateur apostolique	
1985		
8-10 août	Visite apostolique du pape Jean Paul II	
1991		
Avril		Le président Eyadéma est contraint d'accepter le multipartisme
13 avr.	Ordination épiscopale de Mgr Anyilunda	
25 juil.-28 août		Conférence nationale

DATE	RELIGION	POLITIQUE
1992		
13 fév.	Démission de Mgr Dosseh-Anyron comme archevêque de Lomé. Le père Gbikpi est nommé administrateur apostolique de l'archidiocèse de Lomé	
27 avr.	Décès de Mgr Bakpessi	
27 sept.		Adoption de la Constitution de la IVe République par référendum
16 nov.		Début d'une grève générale illimitée pour obtenir la neutralité politique de l'armée
17 déc.	Mgr Kpodzro devient archevêque de Lomé	
1993		
25 jan.		La police réprime une manifestation à Lomé, faisant plusieurs morts
7 août	Ordination épiscopale de Mgr Djoliba	
1994		
6 jan.	Ordination épiscopale de Mgr Kouto	
1er juil.	Érection des diocèses d'Aného, Kara et Kpalimé	
15 oct.	Ordination épiscopale de : Mgr Hounnake, Mgr Assi, Mgr Seshie	
1996		
16 fév.	Décès de Mgr Assi	
28 avr.	Ordination épiscopale de Mgr Dossavi	
1997		
6 jan.	Ordination épiscopale de Mgr Sambar-Talkena	

DATE	RELIGION	POLITIQUE
1999		
		Le Président Eyadéma s'engage à quitter le pouvoir à la fin de son mandat en 2003
2000		
25 avr.	Décès de Mgr Seshie	
2001		
29 sept.	Ordination épiscopale de Mgr Alowonou	
2002		
8 fév.		Modification du code électoral
30 déc.		Modification de l'art. 59 de la Constitution qui limitait le mandat présidentiel à 2 mandats
2003		
1 juin		Eyadéma réélu président
2005		
5 fév.		Décès de Gnassingbé Éyadéma
6 fév.		Modification constitutionnelle. Faure Gnassingbé devient président à la place de son père
25 fév.		Faure Gnassingbé démissionne suite à des pressions.
24 avr.		Faure Gnassingbé est élu président
13 sept.	Décès de Mgr Dossavi	
2006		
1er mars	Démission de Mgr Kouto. Mgr Alowonou est nommé administrateur apostolique du diocèse d'Atakpamé	

DATE	RELIGION	POLITIQUE
2007		
8 juin	Démission de Mgr Kpodzro comme archevêque de Lomé	
15 août	Ordination épiscopale de Mgr Amuzu-Dzakpah	
2008		
2 fév.	Ordination épiscopale de Mgr Gaglo	
26 juil.	Ordination épiscopale de Mgr Longa comme évêque coadjuteur du diocèse de Kara	
2009		
7 jan.	Démission de Mgr Sambar-Talkena comme évêque de Kara. Mgr Longa succède à Mgr Sambar-Talkena	
9 mars	Ordination épiscopale de Mgr Barrigah	
27 juil.	Érection du grand séminaire interdiocésain de philosophie Benoît XVI de Tchitchao	
2010		
4 mars		Faure réélu président
2013		
3 jan.	Décès de Mgr Sambar-Talkena	
2014		
15 avr.	Décès de Mgr Dosseh-Anyron	
2015		
25 avr.		3e mandat de Faure Gnassingbé
5 juin	Décès de Mgr Kouto	
2016		
3 jan.	Démission de Mgr Djoliba. Le père Gaoua est nommé évêque de Sokodé.	
5 mars	Ordination épiscopale de Mgr Gaoua	
15 nov.	Démission de Mgr Anyilunda comme évêque de Dapaong	

DATE	RELIGION	POLITIQUE
2017		
4 fév.	Ordination épiscopale de Mgr Guigbile	
28 août	Célébration des 125 ans de l'Église catholique du Togo	
2019		
23 nov.	Démission de Mgr Amouzou-Dzakpa. Nomination de Mgr Barrigah comme nouvel archevêque de Lomé.	
2020		
11 jan.	Prise de possession canonique du siège épiscopal de Lomé par Mgr Barrigah.	
22 fév.		Le président Faure Gnassingbé réélu pour un 4e mandat consécutif

Bibliographie

1. **Sources**

1.1 *Sources non-éditées*

1.1.1 Archives historiques de la Propaganda Fide (Rome)

Cardinal van Rossum, Lettre à Mgr Hummel, 29 juillet 1918, N.S., Vol. 636, An. 1919, R. 143, f. 82.

Carl Friedrich, Lettre au cardinal van Rossum, 26 avril 1920, N.S., Vol. 669, An. 1920, R. 143, ff. 47r-47v.

Chabert, Lettre au cardinal préfet de la Propaganda Fide, 24 avril 1920, N.S., Vol. 773, An. 1922, R. 143, ff. 598-599.

Hérold, Lettre au cardinal préfet de la Propaganda Fide, 5 décembre 1920, N.S., Vol. 773, An. 1922, R. 143, ff. 627-628.

L'article 438 du Traité de Versailles et les Biens des missions, N.S., Vol. 773, An. 1922, R. 143, f. 655.

Mgr Hummel, Télégramme au cardinal Serafini, N.S., Vol. 636, An. 1919, R. 143, f. 43.

Mgr Hummel, Lettre au cardinal Serafini, 21 février 1918, N.S., Vol. 636, An. 1919, R. 143, ff. 62-65.

Mgr Hummel, Lettre au cardinal van Rossum, 24 septembre 1918, N.S., Vol. 636, An. 1919, R. 143, ff. 88-97.

Mgr Hummel, Lettre au cardinal van Rossum, 5 mars 1919, N.S., Vol. 636, An. 1919, R. 143, f. 100.

Mgr Hummel, Rapport, 5 mars 1919, N.S., Vol. 636, An. 1919, R. 143, f. 41.

Mgr Hummel, Lettre au cardinal van Rossum, 19 mars 1920, N.S., Vol. 773, An. 1922, R. 143, ff. 587-588.

Mgr Hummel, Lettre au cardinal van Rossum, 17 octobre 1920, N.S., Vol. 773, An. 1922, R. 143, ff. 611-612.

Mgr Hummel, Lettre au cardinal van Rossum, 27 octobre 1920, N.S., Vol. 773, An. 1922, R. 143, f. 621.

Mgr Hummel, Lettre au cardinal van Rossum, 12 décembre 1920, N.S., Vol. 773, An. 1922, R. 143, f. 636.

Mgr Steinmetz, Rapport annuel de 1918, 23 avril 1919, N.S., Vol. 636, An. 1919, R. 143, ff. 119-122.
Togo-Mission : Statistik, N.S., Vol. 773, An. 1922, R. 143, f. 450.

1.1.2 Archives de la Société du Verbe Divin (Rome)

Missiones in Africa, N°903, Togo Mission (1917-1915), f. 82.
Mgr CESSOU Jean Marie, Sermon pour l'ouverture du Jubilé de la mission du Togo (1892-1942), N°903, Togo Mission (1917-1955).
Mgr CESSOU Jean-Marie, Jubilé du vicariat apostolique de Lomé 1892-1942, N°903, Togo Mission (1917-1955).

1.1.3 Archives de la Société des Missions Africaines (Rome)

Documents concernant le départ de Lomé des Pères du Verbe Divin le 11 janvier 1918 et l'administration du vicariat apostolique du Togo par S. E. Mgr Francis Ignatius HUMMEL, vicaire apostolique de la Gold Coast et administrateur apostolique du Togo (1918-1921), 3N26.
Mgr CESSOU Jean-Marie, Rapport annuel 1922-1923, 2D1.
Mgr CESSOU Jean-Marie, Rapport annuel 1923-1924, 2D2.
Mgr CESSOU Jean-Marie, Rapport quinquennal 1925, 2D3.
Chabert, Lettre au cardinal van Rossum, 14 novembre 1919, 2C16.
Chabert, Lettre au cardinal van Rossum, 5 avril 1910, 2C16.
Chabert, Lettre au cardinal van Rossum, 5 avril 1920, 2C16.
Chabert, Lettre à Mgr Steinmetz, 21 novembre 1920, 2C16.

2. **Documents du Magistère**

BENOIT XV, « Lettre du pape Benoît XV aux chefs des peuples belligérants », in *Enchiridio delle Encicliche, 4, Pio X-Benedetto XV (1903-1922)*, Bologna, EDB, 1999, pp. 970-976.
BENOIT XV, « Maximum illud », in *Enchiridio delle Encicliche, 4, Pio X-Benedetto XV (1903-1922)*, pp. 991-993.

3. **Dictionnaires et encyclopédies**

ANNUARIO PONTIFICIO 2019, Città del Vaticano, Libreria Editrice Vaticana, 2019.

Encyclopedia Universalis, Corpus 4, Paris, Larousse, 1993.

CAVALLOTTO Stefano, MEZZADRI Luigi (éd.), *Dizionario dell'età delle Riforme 1492-1622*, Roma, Città Nuova Editrice, 2006.

Chronique de l'humanité, Paris, Larousse, 1986.

DELUMEAU Jean (éd.), *Histoire du monde de 1492 à 1789*, Paris, Larousse, 2010.

MOURRE Michel, *Dictionnaire d'histoire universelle*, Tome II, Paris, Editions Universitaires, 1968.

ŒUVRES PONTIFICALES DE PROPAGATION DE LA FOI, *L'Église catholique en Afrique occidentale et centrale*, 1987.

ŒUVRES PONTIFICALES DE PROPAGATION DE LA FOI, *L'Église catholique en Afrique occidentale et centrale*, 2006.

4. **Ouvrages**

ADJA Jules Kouassi, *Evangélisation et colonisation au Togo : conflits et compromissions*, Paris, L'Harmattan, 2009.

African Development Bank Group, African Union Commission, Economic Commission for Africa, *Annuaire statistique pour l'Afrique 2015*.

AKOTIA Benjamin (éd.), *Le cinquantenaire du Diocèse d'Atakpamé*, Lomé, Éditions Saint Augustin Afrique, 2014.

AMEGBLEAME Joseph Mathè, *Le tragique missionnaire de Jérémie Moran, SMA : Violence identitaire, intégration et communion dans l'Église*, Lomé, Éditions Saint-Augustin Afrique, 2012.

BAUR John, *2000 ans de Christianisme en Afrique : une histoire de l'Église africaine*, Kinshasa, Paulines, 2001.

BIMWENYI-KWESHI Oscar, *Discours théologique négro-africain. Problème des fondements*. Paris, Présence Africaine, 1981.

BONFILS Jean, *La Mission catholique en République du Bénin. Des origines à 1945*, Paris, Karthala, 1999.

BORNE Dominique et FALAIZE Benoît (éd.), *Religion et colonisation XVIe-XXe siècle : Afrique, Amérique, Asie, Océanie*, Paris, Editions de l'Atelier/Editons Ouvrières, 2009.

CORVENIN Robert, *Histoire de l'Afrique, tome I : des origines au XVIe siècle*, Paris, Payot, 1967.

CORVENIN Robert, *Histoire de l'Afrique. Tome 2 : l'Afrique précoloniale 1500-1900*, Paris, Payot, 1966.

CORVENIN Robert, *Histoire du Togo*, Paris, Editions Berger-Levrault, 1959.

De ULRIKE Schuerkens, *Du Togo Allemand aux Togo et Ghana indépendants : Changement social sous régime colonial*, Paris, L'Harmattan, 2001.

FELDKAMP F. Michael, *La diplomazia pontificia: Da Silvestro I a Giovanni Paolo II. Un profilo*, Milan, Jaca Book, 1995.

FERRER Luis Martínez, GUIDUCCI Pier Luigi (éd.), *Fontes: Documenti fondamentali di storia della Chiesa*, Milano, San Paolo, 2005.

FILESI Teobaldo, *Evoluzione storico-politica dell'Africa,* Como, Casa editrice Pietro Cairoli, 1967.

GACON Stéphane, *L'Europe. Histoire et civilisation*, Paris, Armand Colin, 2017.

GANTLY Patrick, *Histoire de la Société des Missions Africaines (SMA) 1856-1907. De la fondation par Mgr de Marion Brésillac (1856) à la mort du Père Planque (1907). Tome 2 : Des années 1890 à 1907*, Paris, Karthala, 2010.

GAYIBOR Nicoué (éd.), *Le Togo sous domination coloniale (1884-1960)*, Lomé, Presses de l'Université du Bénin, 1997.

GAYIBOR Nicoué (éd.), *Histoire des Togolais : Des origines aux années 1960. Tome 2 : Du XVIe siècle à l'occupation allemande*, Paris, Karthala-Presses de l'Université de Lomé, 2011.

GAYIBOR Nicoué (éd.), *Histoire des Togolais : Des origines aux années 1960. Tome 3 : Le Togo sous administration coloniale*, Paris, Karthala-Presses de l'Université de Lomé, 2011.

GAYIBOR Nicoué (éd.), *Histoire des Togolais : Des origines aux années 1960. Tome 4 : Le refus de l'ordre colonial*, Paris, Karthala-Presses de l'Université de Lomé, 2011.

GUILLAUME Pierre, *Le monde colonial XIXe-XXe siècle*, Paris, Armand Colin, 1974.

KI-ZERBO Joseph, *Histoire de l'Afrique noire : d'hier à demain*, Paris, Hatier, 1972.

LAUDER Wolfgang, *L'Architecture allemande au Togo 1884-1914. Un modèle d'adaptation sous les Tropiques*, Stuttgart, Karl Krämer, 1993.

LUGAN Bernard, *Histoire de l'Afrique, Des origines à nos jours*, Paris, Ellipses, 2009.

LUGAN Bernard, *Pour en finir avec la colonisation*, Monaco, Éditions du Rocher, 2006.

MANDIROLA Renzo et MOREL Yves (éd.), *Journal de François Borghero. Premier missionnaire du Dahomey 1861-1865*, Paris, Karthala, 1997.

MARGUERAT Yves, PELEI Tchitchékou, *« Si Lomé m'était conté… » : Dialogue avec les vieux Loméens,* Tome 1, Lomé, Presses de l'Université du Bénin, 1992.

MARGUERAT Yves, PELEI Tchitchékou, *« Si Lomé m'était conté… » : Dialogue avec les vieux Loméens,* Tome 2, Lomé, Presses de l'Université du Bénin, 1992.

MARGUERAT Yves, PELEI Tchitchékou, *« Si Lomé m'était conté… » : Dialogue avec les vieux Loméens,* Tome 3, Lomé, Presses de l'Université du Bénin, 1992.

MESSINA Jean-Paul, van SLAGEREN Jaap, *Histoire du christianisme au Cameroun. Des origines à nos jours*, Paris, Karthala-Clé, 2005.

MÜLLER Karl, *Histoire de l'Église catholique au Togo 1892-1967*, Lomé, Librairie Bon Pasteur, 1968.

OUSPENSKY Piotr Demianovitch, *Fragments d'un enseignement inconnu*, Paris, Stock, 2014.

PHAN Bernard, *Colonisation et décolonisation (XVIe-XXe siècle)*, Paris, PUF, 2009.

PRUDHOMME Claude, *Missions chrétiennes et colonisation XVIe-XXe siècle*, Paris, Cerf, 2004.

PRUDHOMME Claude, *Stratégie missionnaire du Saint-Siège sous Léon XIII (1878-1903) : centralisation romaine et défis culturels*, Rome, École française de Rome, 1994.

PRUDHOMME Claude (éd.), *Une appropriation du monde : mission et missions XIX-XXe siècles*, Paris, Publisud, 2004.

QUENUM Alphonse, *Les Églises chrétiennes et la traite atlantique du XVe au XIXe siècle*, Paris, Karthala, 2008.

ROCHE Christian, *L'Afrique noire et la France au XIXe siècle. Conquêtes et résistances*, Paris, Karthala, 2001.

SEDILLOT René, *Histoire des colonisations*, Paris, Librairie Arthème Fayard, 1958.

SKWERES Dieter Eduard, *Et vetera : les méthodes d'évangélisation des premiers missionnaires SVD au Togo*, Lomé, Ediverbum SVD, 1993.

STAMM Anne, *L'Afrique de la colonisation à l'indépendance*, Paris, PUF, « Que sais-je ? », 2005.

TETE-ADJALOGO Têtêvi Godwin, *De la colonisation allemande au Deutsche-TogoBund*, Paris, L'Harmattan, 1998.

Traité de paix entre les puissances alliées et associées et l'Allemagne et protocoles signés à Versailles le 28 juin 1919, Paris, Imprimerie nationale, 1919.

5. **Articles**

BROC Numa, « Les explorateurs français du XIXe siècle reconsidérés », in Revue française d'histoire d'outre-mer, 69 (1982), pp. 237-273.

Carlton HAYES, cité par Godfrey UZOIGWE, « Partage européen et conquête de l'Afrique : Aperçu général », in Abu BOAHEN, *Histoire générale de l'Afrique. Tome 7 : l'Afrique sous domination coloniale, 1880-1935*, Paris, Editions Unesco, 1987, pp. 38-65.

De WITTE Charles-Martial, « Les bulles pontificales et l'expansion coloniale au XVe siècle », in *Revue d'Histoire Ecclésiastique*, 48 (1953), pp. 683-718 ; 49 (1954), pp. 438-461 ; 51 (1956), pp. 413-453 ; 53 (1958), pp. 6-46 et 443-471.

DELAMARD Julie, « Colonisation et histoire. Ecritures, influences, usage », in *Hypothèses*, 10 (2007), pp. 243-249.

GEHRING, « Wiederbegegnung nach 21 Jahren », in *Steyl Chronik*, 8 (1939), pp. 377-383.

ILBOUDO Jean, « De l'histoire des missions à l'histoire de l'Église », in Giuseppe RUGGIERI (éd.), *Église et Histoire de l'Église en Afrique. Actes du colloque de Bologne 22-25 octobre 1988*, Paris, Beauchesne, 1988, pp. 119-140.

MAUNY Raymond, « Le périple de la mer Erythrée et le problème du commerce romain en Afrique au sud du Limes », in *Journal de la Société des Africanistes*, 38 (1968), pp. 19-34.

SALVAING Bernard, « Missions chrétiennes, christianisme et pouvoirs en Afrique noire de la fin du XVIIe siècle aux années 1960 : permanences et évolutions », in *Outre-mers*, 93 (2006), pp. 295-333.

SCHÖNIG Nicolaus, *Jaresbericht*, 1912.

TARDIEU Jean, « Du "Prêtre Jean" au Négus d'Abyssinie », in *Bulletin hispanique*, 114-1 (2012), pp. 69-98.

THE DAILY GRAPHIC, *German animosity*, 5 avril 1918.

TSIGBE Koffi Nutefé, « Evangélisation et alphabétisation au Togo sous domination coloniale (1884-1960) », in *Cahier de la recherche sur l'éducation et les savoirs*, 12 (2013), pp. 89-110.

WÖLF Franziskus, *Gruss aus der mission in Togo (Westafrika)*, 3 dezember 1914.

WÖLF Franziskus, *Gruss aus der mission in Togo (Westafrika)*, 14 dezember 1915.

WÖLF Franziskus, *Gruss aus der mission in Togo (Westafrika)*, 15 November 1916.

WÖLF Franziskus, *Gruss aus der mission in Togo (Westafrika)*, 8 dezember 1917.

WÖLF Franziskus, *Jahresbericht der Togomission 1917*, 18 dezembre 1917

WÖLF Franziskus, *Gruss aus der mission in Togo (Westafrika)*, 6 dezember 1918.

6. **Sources électroniques**

http://methodistchurchtogo.org/index.php/notre-histoire/historique?showall=&start=2, consulté le 19/02/2020.

http://www.afdb.org/fr/countries/west-africa/togo/togo-economic-outlook/, consulté le 8/02/2020.

http://www.dacb.org/stories/ghana/protten_cj.html, consulté le 8/02/2020.

http://www.treccani.it/enciclopedia/nikolaus-ludwig-conte-di-zinzendorf/, consulté le 10/02/2020.

http://www.catholic-hierarchy.org/bishop/bwolfr.html, consulté le 20/03/2017.

https://www.icrc.org/applic/ihl/dih.nsf/Article.xsp?action=openDocument&documentId=A4BA7846F0FB8FF0C12563BD002BA3DD, consulté le 25/03/2020.

https://www.icrc.org/applic/ihl/dih.nsf/Article.xsp?action=openDocument&documentId=032C33B378BE49F0C12563BD002BA4C3, consulté le 25/03/2020.

http://www.gcatholic.org/dioceses/country/TG.htm, consulté le 25 mars 2020.

http://mjp.univ-perp.fr/traites/1885berlin.htm, consulté le 27/02/2020.

https://journals.openedition.org/com/755?file=1, consulté le 20/03/2020.

https://www.ce-togo.org/dioceses-du-togo/, consulté le 20/02/2020.

Table des matières

Structures éditoriales du groupe L'Harmattan

L'Harmattan Italie
Via degli Artisti, 15
10124 Torino
harmattan.italia@gmail.com

L'Harmattan Hongrie
Kossuth l. u. 14-16.
1053 Budapest
harmattan@harmattan.hu

L'Harmattan Sénégal
10 VDN en face Mermoz
BP 45034 Dakar-Fann
senharmattan@gmail.com

L'Harmattan Cameroun
TSINGA/FECAFOOT
BP 11486 Yaoundé
inkoukam@gmail.com

L'Harmattan Burkina Faso
Achille Somé – tengnule@hotmail.fr

L'Harmattan Guinée
Almamya, rue KA 028 OKB Agency
BP 3470 Conakry
harmattanguinee@yahoo.fr

L'Harmattan RDC
185, avenue Nyangwe
Commune de Lingwala – Kinshasa
matangilamusadila@yahoo.fr

L'Harmattan Congo
67, boulevard Denis-Sassou-N'Guesso
BP 2874 Brazzaville
harmattan.congo@yahoo.fr

L'Harmattan Mali
Sirakoro-Meguetana V31
Bamako
syllaka@yahoo.fr

L'Harmattan Togo
Djidjole – Lomé
Maison Amela
face EPP BATOME
ddamela@aol.com

L'Harmattan Côte d'Ivoire
Résidence Karl – Cité des Arts
Abidjan-Cocody
03 BP 1588 Abidjan
espace_harmattan.ci@hotmail.fr

L'Harmattan Algérie
22, rue Moulay-Mohamed
31000 Oran
info2@harmattan-algerie.com

L'Harmattan Maroc
5, rue Ferrane-Kouicha, Talaâ-Elkbira
Chrableyine, Fès-Médine
30000 Fès
harmattan.maroc@gmail.com

Nos librairies en France

Librairie internationale
16, rue des Écoles – 75005 Paris
librairie.internationale@harmattan.fr
01 40 46 79 11
www.librairieharmattan.com

Lib. sciences humaines & histoire
21, rue des Écoles – 75005 Paris
librairie.sh@harmattan.fr
01 46 34 13 71
www.librairieharmattansh.com

Librairie l'Espace Harmattan
21 bis, rue des Écoles – 75005 Paris
librairie.espace@harmattan.fr
01 43 29 49 42

Lib. Méditerranée & Moyen-Orient
7, rue des Carmes – 75005 Paris
librairie.mediterranee@harmattan.fr
01 43 29 71 15

Librairie Le Lucernaire
53, rue Notre-Dame-des-Champs – 75006 Paris
librairie@lucernaire.fr
01 42 22 67 13